MES

MÉMOIRES

(1826-1848)

PAR

LE Cte D'ALTON SHÉE

ANCIEN PAIR DE FRANCE

PREMIÈRE PARTIE

1826-1839

—

DEUXIÈME ÉDITION

PARIS

LIBRAIRIE INTERNATIONALE

15, BOULEVARD MONTMARTRE

A. LACROIX, VERBOECKHOVEN & Ce, ÉDITEURS

A Bruxelles, à Leipzig et à Livourne

1869

MES

MÉMOIRES

DU MÊME AUTEUR :

Mémoires du vicomte d'Aulnis. 1 vol. gr. in-18 jésus. 3 fr.

Paris. — Imprimerie L. Poupart-Davyl, rue du Bac, 30

MES
MÉMOIRES
(1826-1848)

PAR

LE Cte D'ALTON SHÉE

ANCIEN PAIR DE FRANCE

———

PREMIÈRE PARTIE
1826-1839

———

PARIS

LIBRAIRIE INTERNATIONALE

15, BOULEVARD MONTMARTRE

———

A. LACROIX, VERBOECKHOVEN & Ce, ÉDITEURS

A Bruxelles, à Leipzig et à Livourne

—

1869

A GUSTAVE DE LA HANTE

MON MEILLEUR AMI

E. D'ALTON SHÉE

MÉMOIRES

(1826-1848)

I

MON ORIGINE. — MA FAMILLE. — LETTRE DU GÉNÉRAL
HOCHE A MON GRAND-PÈRE. — PLACE D'ALTON A
BOULOGNE.

L'égoïsme domine d'abord en nous. Peu à peu,
le choc des autres égoïsmes le ramène à de plus
justes proportions, il s'épure par l'amitié, s'ennoblit par l'amour, s'étend à la famille et à la
société : de l'ensemble de ces rapports se compose notre vie privée.

L'égoïsme s'élève encore à des convictions
politiques et religieuses, se nationalise et devient
patriotisme, couvre enfin de son intérêt l'espèce
tout entière, et s'appelle amour de l'humanité :
de là le sentiment collectif et notre vie publique.

La foi, politique ou religieuse, le patriotisme, l'amour de l'humanité, ces déductions extrêmes du sentiment personnel, engendrent le désintéressement, l'abnégation et le dévouement, c'est-à-dire les résultats les plus contradictoires avec l'égoïsme primitif.

J'aurais voulu faire acte d'abnégation en retraçant avec une sincérité absolue ma vie publique et privée; mais, malgré son exquise sensibilité, l'honnêteté de sa nature, la véniélité de ses fautes, son art inimitable de les raconter, Jean-Jacques n'a pas trouvé grâce devant le monde : aujourd'hui, plus de cent ans après leur publication, les *Confessions* servent encore de thème aux accusations de bassesse et d'immoralité, aux injures et au mépris sous lesquels on cherche à accabler leur auteur. Il est vrai que ces ingratitudes ne sont qu'à la surface : rentré en soi-même, chacun lui rend justice; on s'avoue tout bas qu'il est peu d'hommes dont la vie, exposée avec une égale franchise, ne contiendrait plus de souillures. Pourtant, je ne me sens pas le courage d'affronter vivant les clameurs des hypocrites scandalisés, ou de léguer à ma femme et à mes enfants une réputation atteinte par une franchise sans imitateurs, et réduite à la justice tardive d'une lointaine postérité.

Je bornerai donc ces mémoires à ma vie politique, aux faits auxquels j'ai pris part, à ceux

dont j'ai été témoin, ne donnant de ma vie privée
que ce qui est nécessaire pour expliquer l'autre.

Je suis né à Paris, le 1ᵉʳ juin 1810, de James
Wulfrand d'Alton et de Fanny Shée; ma mère
et mon père étaient d'origne irlandaise et quelque
peu parents. Sans prétendre faire ici la biographie
de mes aïeux, je veux rappeler rapidement ceux
de leurs actes qui leur ont mérité l'adoption de
leur seconde patrie, et m'ont valu, à moi, le privilége d'être, par hérédité, pair de France dès
l'âge de neuf ans.

La famille de ma mère vint en France à la
suite de Jacques II; son père, le comte Shée, né
à Landrecies en 1738, servit aux Indes et en
France jusqu'au grade de colonel, et devint secrétaire des commandements du duc d'Orléans,
depuis *Philippe-Égalité*.

Mon grand-père, d'Alton, né vers 1730, ne
quitta l'Irlande qu'en 1738, mandé par ses deux
oncles, dont l'un était évêque, l'autre, le comte
Burke, maréchal de camp au service de la
France. L'évêque se chargea d'abord de lui;
mais, après quatre ans d'efforts infructueux, il
dut renoncer à l'espoir d'en faire un homme d'É-
glise. Le maréchal de camp le fit entrer dans le
corps des cadets, et, en 1744, il fit ses premières
armes à la bataille de Fontenoy. Il passa aux
Indes, où il se lia d'amitié avec son cousin,
M. Shée; après des débuts assez heureux, ayant

encouru la disgrâce du gouverneur, son avancement en souffrit. Aussi, lors du célèbre procès du comte Lally-Tollendal, les ennemis de celui-ci, comptant sur une déposition à charge de la part de mon grand-père, le firent venir à Paris; il trompa leur attente, et fit preuve d'une honorable modération. Vers 1786, dans un voyage à Paris, le major d'Alton étant allé voir son cousin Shée, celui-ci le présenta au duc d'Orléans comme ancien officier, père de dix-sept enfants; le prince lui donna pour l'un de ses fils, James d'Alton, le canonicat d'Étampes; deux ans plus tard, le duc d'Orléans disait à M. Shée : « Le canonicat d'Ivoy-Carignan est vacant, donnez-le à un autre fils de l'homme aux dix-sept enfants. » C'est ainsi que mon père, James, et mon oncle, Alexandre d'Alton, devinrent chanoines, l'un à treize ans, et l'autre à onze. La Révolution ne tarda pas à les priver de leurs bénéfices. Mon grand-père se retira avec le grade de major à Brives, où il épousa Mlle Coilliot. Quelques années après il se fixa définitivement à Boulogne-sur-Mer, qu'habitaient les parents de sa femme, une famille boulonnaise dont presque tous les hommes furent marins. Une demoiselle Coilliot a été la mère de M. Sainte-Beuve; de là notre cousinage avec l'éminent écrivain.

Le 27 juin 1791, un brevet d'invention fut pris au nom de Nicolas Leblanc, pour une société formée entre Nicolas Leblanc et Dizé, inventeurs, Henri Shée, mon grand-père, et Philippe duc d'Orléans, bailleurs de fonds, pour la fabrication de la soude artificielle. Cette industrie toute française a sauvé alors notre prospérité commerciale d'une ruine imminente, et a contribué plus tard à la défense du territoire. Jusque-là la France avait tiré la potasse et la soude de l'étranger. En 1793, les commissaires envoyés par le Comité de salut public trouvaient l'usine à Saint-Denis en pleine activité, et déclaraient le nouveau procédé le meilleur. Cependant la mort du duc d'Orléans, le séquestre rigoureux mis sur ses biens privèrent l'association des capitaux indispensables : une liquidation de l'actif social eut lieu ; les ustensiles, meubles, matières premières furent vendus à la criée. Le brevet tomba dans le domaine public sans indemnité pour les associés.

Mon oncle Williams, l'aîné des fils du major d'Alton, était officier dès 1791. Par la protection d'un neveu du comte Shée, Clarke, depuis maréchal et duc de Feltre, qui occupait un emploi important au ministère de la guerre, deux brevets de sous-lieutenant furent donnés, l'un à Édouard, l'autre à l'ex-prébendier, Alexandre d'Alton.

Ayant fait partie de l'expédition de Saint-Domingue, Édouard mourut, peu après son arrivée, par suite de ses blessures. Quant à James, entré dans une maison de commerce considérable, il montra une grande aptitude pour les affaires ; mais bientôt, afin d'échapper à la réquisition, il se vit forcé de quitter Paris, et se réfugia en Bretagne, près de ses frères Williams et Alexandre, tous deux alors aides de camp du général Hédouville. James possédait trois cent louis ; c'était en l'an III (1795) une somme importante, avec laquelle il vint en aide à ses frères et sut se créer une position.

L'armée républicaine était commandée par Hoche, dont Hédouville était le chef d'état-major ; ces deux généraux, terribles dans le combat, se montraient hors de là pleins de douceur et d'équité. Un jour, des paysans se présentent devant Hoche et lui adressent de justes réclamations ; voulant les indemniser et n'ayant pas d'argent, il demande dix louis à Alexandre d'Alton ; celui-ci les emprunte à James. Le général les distribue aux paysans, qui, touchés de ce procédé, découvrent à Hoche la retraite de l'abbé Bernier : on s'y rend. L'abbé Bernier venait de partir ; mais on mit la main sur un autre chef vendéen, Stofflet, fusillé quelques jours après. James, pour demeurer à l'armée, avait accepté le poste de secrétaire du général Hédouville ; à la suite du prêt des dix louis, Hoche, qui avait un million à employer pour la pacification de la Vendée, prit James d'Alton comme administrateur de ces fonds.

Un autre incident fit passer Alexandre près de Hoche, en qualité d'aide de camp. Dans la ville de Rennes, un soir, à la sortie du spectacle, Alexandre et un de ses camarades reconduisaient deux dames quand ils aperçoivent Hoche, avec d'autres généraux, venant vers eux : pour éviter d'être vus, les deux couples se hâtent d'entrer dans une rue transversale. Au même moment, ils entendent une forte détonation : un coup de pistolet chargé de trois balles venait d'être tiré sur Hoche par un Vendéen. Le général n'était pas touché. L'assassin s'élance dans la rue où se trouvaient Alexandre et son ami; ils le poursuivent; Alexandre, très-bon coureur, se trouve en tête; le fuyard se blottit dans un fossé, Alexandre le dépasse, puis, découvrant la ruse, revient sur ses pas, se jette sur lui, et une lutte acharnée s'engage au fond du fossé. L'assassin, grand et robuste, se relève et parvient à reprendre sa course, malgré les efforts désespérés du jeune officier; celui-ci saute sur son dos, où il demeure cramponné une cinquantaine de pas. La marche ainsi ralentie du meurtrier donna à ceux qui le poursuivaient le temps de le joindre et de s'en emparer; son trouble avait été tel, que tenant un second pistolet chargé, il n'avait pas eu l'idée de s'en servir pour se débarrasser de son incommode compagnon. Le lendemain, Hoche demandait à Hédouville de lui céder son aide de camp.

Quelque temps après, le citoyen Shée, général de brigade, fut envoyé près du général Hoche avec le titre de commissaire ordonnateur général de la Vendée ; en réalité, il était chargé d'organiser une descente en Irlande. Il fut très-bien secondé par les d'Alton groupés autour des généraux Hoche et Hédouville. L'habile pacificateur de la Vendée prit dès lors en affection mon grand-père ; aussi, quand, en l'an V (1797), Hoche, devenu général en chef de l'armée du Rhin, eut remporté les victoires de Neuwied, d'Ukerath et d'Altenkirchen, il désigna, par la lettre suivante, le citoyen Shée aux fonctions d'administrateur général du pays conquis.

Au quartier général, à Cologne, le 29 ventôse, 5e année républicaine.

« Le général en chef de l'armée de Sambre-et-Meuse au citoyen Shée.

« J'ai l'honneur de vous prévenir, citoyen, « que, sur la connaissance que j'ai acquise de « vos talents et des vertus que vous professez, « je vous ai choisi pour être président perpétuel « de la commission intermédiaire créée pour ad- « ministrer le pays conquis entre Meuse et Rhin.

« Veuillez bien, à la réception de la présente, « vous rendre à Bonn, et m'informer du jour de « votre arrivée dans cette ville, afin que je « puisse vous faire passer mes instructions.

« L. HOCHE. »

En même temps, il nomma James d'Alton receveur général des nouveaux départements. A la suite du coup d'État du 18 fructidor et de la destitution de Moreau, le Directoire avait concentré dans les mains du général Hoche le commandement des deux armées du Rhin et de Sambre-et-Meuse réunies sous le nom d'armée d'Allemagne. Quelques jours à peine écoulés, ce héros, dont le génie honnête et pur pouvait seul maintenir la République, périt empoisonné à son quartier général de Vetzlar, le deuxième jour supplémentaire de l'an V (18 septembre 1797). Sa mort eut pour effet de dissoudre tout ce faisceau de famille. L'aîné des d'Alton, Williams, passe à l'armée d'Italie ; Alexandre revient aide de camp du général Hédouville ; James entre officier dans l'armée.

Mon grand-père maternel, le citoyen Shée, retourne à Paris.

En l'an VIII (1800) nous retrouvons Williams d'Alton, colonel, chef d'état-major, prenant une part glorieuse à la bataille de Marengo, et recevant une blessure mortelle au passage du Mincio. La ville de Boulogne a donné son nom à l'une de ses plus belles places, pour honorer sa mémoire.

Alexandre, revenu colonel de l'expédition de Saint-Domingue, placé à la tête d'un régiment irlandais, débarque avec son frère James sur les côtes d'Irlande, et parvient à grand'peine à retourner en France.

Mon père, fait prisonnier, resta sur les pontons jusqu'en 1801, époque à laquelle un échange de prisonniers lui rendit la liberté. De retour à Paris, il épousa la fille de M. Shée. En 1803, le conseiller d'État Shée fut envoyé de nouveau comme préfet administrateur des provinces conquises au delà du Rhin ; il fit nommer son gendre successivement receveur général des départements de Rhin et Moselle et de la Roër.

Enfin le comte Shée, préfet du Bas-Rhin, fut appelé au sénat par l'empereur Napoléon.

II

COMMENT, A NEUF ANS, JE DEVINS PAIR DE FRANCE
PAR HÉRÉDITÉ. — MON ENFANCE A LA CAMPAGNE.
— MORT DE MA MÈRE. — LE MARI DE MA SŒUR,
M. JAUBERT, AVOCAT GÉNÉRAL, MON TUTEUR.

Mon père avait eu deux filles et désirait
ardemment un fils; ma naissance, en 1810, fut
donc un sujet de joie. Nous habitions, la plus
grande partie de l'année, la terre de Bois-le-Vi-
comte, à quelques lieues de Paris. Dès que je
pus marcher, mon père m'emmena dans ses pro-
menades; je me souviens encore qu'il me prenait
sur ses épaules et nageait avec moi, à peine âgé
de trois ans, dans les canaux qui environnaient
le château. Sa joie fut courte : sa santé fut forte-
ment ébranlée par les secousses politiques de
1814 et 1815; mon pauvre père tomba malade et
mourut au bout de quelques mois.

Le comte Shée, pair de France, ayant perdu
successivement son fils, Emmanuel, jeune officier

de grande espérance, tu en Espagne, en 1811, dans un combat d'avant-garde, et enfin son gendre, obtint la réversibilité de sa pairie sur la tête de son petit-fils, et s'éteignit bientôt après, en 1819, à l'âge de quatre-vingt-un ans.

De 1815 à 1819, ma sœur aînée avait épousé le baron Fauquez, officier du génie ; la seconde, M. Jaubert, avocat général à la cour royale de Paris.

Un léger refroidissement, dont j'ai toujours ignoré les motifs, avait éloigné ma mère de mon oncle, le général Alexandre d'Alton. De plus, son mari et son père avaient été jusqu'à leur dernier jour bonapartistes ou libéraux, comme on disait alors ; ma mère, restée ma tutrice, se résolut à choisir un subrogé-tuteur en dehors de la famille : par le conseil de plusieurs de ses amis, entr'autres les frères de Lameth de l'Assemblée constituante, son choix tomba sur M. Gévaudan, industriel, possesseur d'une grande fortune, et chez qui se réunissaient, à cette époque, les hommes les plus marquants de l'opposition. A mes sorties de pension, j'allais tantôt chez Alexandre de Lameth, tantôt chez M. Gévaudan, où je voyais quelquefois Béranger.

Bientôt ma mère, ayant acheté une propriété à Saint-Sauveur, sur la lisière de la forêt de Compiègne, me donna un précepteur nommé Daverne, quitta Paris et me fit demeurer près d'elle à la campagne. Aux Soupizeaux, ainsi s'appelait cette propriété, tout était à refaire, et, pendant deux ans, une trentaine d'ouvriers en bâtiment y travaillèrent, presque sans discontinuer. Comme mes leçons n'étaient ni longues ni multipliées, dans les intervalles, je vivais au milieu d'eux; grimpant sur les échafaudages avec les maçons, rabotant avec les menuisiers, taillant la pierre ou couvrant une boiserie de peinture. Quand les travaux furent enfin terminés, je remplaçai ces essais d'apprentissage par de longues courses solitaires dans les bois; je poursuivais, de toute la vitesse de mes jambes, les lapins et les chevreuils qui peuplaient la forêt; souvent je m'égarais et disparaissais pendant une journée entière. Au retour, j'étais puni par mon précepteur pour mes leçons manquées; mais ma mère, dont un reproche aurait eu sur moi plus d'influence qu'une masse de pensums, gardait le silence. Ce n'était de sa part ni faiblesse ni indifférence, mais le résultat d'un système d'éducation; elle pensait qu'en dehors des heures consacrées aux leçons de son pédagogue, un garçon devait, dès l'enfance, prendre des habitudes d'indépendance et de liberté. Je ne sais ce que, suivi jusqu'à l'âge d'homme, un pareil plan d'éducation aurait produit; très-certainement, lorsque la mort m'eut enlevé ma mère, et qu'on me mit au collége, je lui dois d'avoir souffert plus qu'aucun autre de la

contrainte, de la discipline et de ces interminables
heures d'étude, où, sans donner pâture à leur
esprit, on exige des enfants, contrairement aux
indications de la nature, une stérile immobilité.

Sans aucun goût de domination, mon caractère
est toujours resté rebelle à toute espèce de joug.
Une autre circonstance a également exercé une
grande influence sur mes idées. Afin d'être sûr
que je m'acquitterais de la tâche qu'il me donnait,
Daverne m'enfermait chaque jour, pendant un
certain nombre d'heures, dans la bibliothèque;
elle contenait près de trois mille volumes. Dès
que j'avais expédié ma besogne, je me livrais à
la lecture jusqu'au moment où il venait me tirer
de captivité. Je dévorai de la sorte, d'abord le
Cabinet des fées, en quarante volumes; puis l'immense compilation connue sous le nom d'*Histoire
des voyages.* Tantôt je prenais au hasard, tantôt
je choisissais des livres que je voyais habituelle-
ment entre les mains de ma mère : les *Comédies
de Molière, Gil Blas, Tristam Shandy,* le *Doyen
de Killerine,* les *Romans de Voltaire*; ces ouvrages
si divers développaient en moi des sentiments et
des facultés sans liaison, sans rapport, souvent
même contradictoires : la foi au merveilleux,
l'amour des courses lointaines, une connaissance
précoce d'un monde que je n'avais jamais vu, le
goût de l'ironie, du sarcasme, de la fine plaisanterie. L'on se tromperait fort si l'on croyait que

certaines lectures eussent dépravé mon imagination ; le sommeil absolu des sens me mettait à l'abri du danger.

Ma mère partageait l'esprit philosophique du XVIIIe siècle ; grâce à elle, mes premières années ont été exemptes de ces superstitions qui se gravent si profondément au cerveau de l'enfant qu'elles résistent parfois au mâle développement de sa raison, et reparaissent presque toujours avec la décadence de ses facultés. Ma foi aux talismans, aux génies, aux magiciens dura peu, cette religion n'ayant pas de prêtres intéressés à la perpétuer. Elle était encore entière quand ma mère, dont la santé déclinait depuis longtemps, tomba gravement malade et fut bientôt à toute extrémité. Je l'adorais : la parole fatale du médecin : *Plus d'espoir,* loin de me porter à la résignation, ne fit qu'exciter ma douleur. Pour prolonger sa vie, je résolus de recourir à la magie : je fis des évocations, cueillis des plantes, prononçai des formules, et demandai timidement à la cuisine une casserole, afin de faire bouillir un mélange bizarre d'ingrédients, parmi lesquels une terre glaise bleuâtre tenait la première place. La cuisson terminée, je me dirigeai avec la potion vers la chambre de ma mère, mais, arrivé à la porte, le courage m'abandonna ; pour la première fois des doutes traversaient mon esprit. Après de longues heures passées dans des hési-

tations pleine d'angoisses, je n'osai pas aller plus
avant. Sans renoncer absolument à mon projet,
je cachai le breuvage, et courus me jeter en pleurant dans les bras de la mourante ; telle fut la fin
de ma folle tentative. C'est la seule pratique su-
perstitieuse que m'ait inspirée la lecture sans contrôle des contes de fées.

A douze ans j'étais orphelin, mais entre ma
sœur Caroline et moi existait, presque depuis ma
naissance, une de ces affections tendres et fortes
que rien ne peut rompre. Mon aînée de sept ans,
elle résolut de remplacer ma mère ; en conséquence,
elle obtint de M. Jaubert, son mari, qu'il devînt
mon tuteur ; comme ses neveux étaient au
collége, M. Jaubert ne crut pouvoir mieux faire
que de m'y mettre avec eux.

III

Au mois d'octobre 1822, je commençai ma
cinquième au collége Henri IV. On y enseignait
le latin, un peu de grec, et, grâce aux persistants
efforts de MM. Cuvier, Royer-Collard et Guizot,
depuis 1820, un cours d'histoire avait été autorisé
une fois par semaine.

Chaque jour, pendant quatre heures, les élèves
recevaient en classe les leçons d'estimables professeurs ; le reste du temps, leur direction était
confiée à des maîtres d'étude, appelés *pions* par
les élèves, recrutés parmi les plus incapables et
les plus déshérités de l'ordre social. Rien de plus
rare qu'un maître d'étude se destinant au professorat ; les meilleurs étaient de pauvres étudiants
en droit ou en médecine, qui trouvaient au collége

là nourriture et le logement, et aussi les moyens de payer leurs inscriptions et de passer leurs examens. S'ils n'avaient guère le temps de s'intéresser aux élèves, du moins ils ne les tourmentaient pas, et ne réclamaient d'eux que le silence. La plupart étaient des cuistres déjà mûrs, rebut de toutes les carrières, se vengeant de leur humiliation sur les enfants soumis à leur tutelle, poltrons avec les forts, cruels envers les faibles. J'ignore si, sur ce point capital de l'éducation, l'Université est en progrès; comme le remède au mal exigerait une énorme augmentation du budget de l'instruction publique, il est permis d'en douter. Mais lorsque les hommes chargés d'enseigner la littérature, les sciences et l'histoire, justement considérés, jouissent d'un traitement à peu près suffisant, il m'est impossible de comprendre que ceux qui sont préposés à l'éducation des enfants, qui les surveillent nuit et jour, qui vivent réellement avec eux, qui devraient les former par leur conversation, leur influence, leur exemple, soient pris au hasard, et moins payés qu'un laquais de bonne maison. Le jour où l'on voudra sérieusement donner aux générations qui s'élèvent l'amour de l'ordre et le respect des lois, on commencera par faire des fonctions du maître d'étude une sorte de magistrature honorée, mieux rétribuée que le professorat, parce qu'elle est à la fois plus importante et plus pénible, ayant une hiérarchie, et présentant une carrière désirable à une portion instruite et intelligente de la jeunesse.

Je passai brusquement, d'une vie libre à la campagne, à une existence passive, renfermée, malsaine, asservie à une discipline oppressive et à des maîtres sans dignité : les conséquences de ce contraste furent également funestes à mon caractère et à ma santé. Tous les jours, deux heures et demie étaient accordées aux jeux des écoliers; pour les moindres fautes, ce temps, déjà trop court, était restreint à une demi-heure. Bientôt, constamment puni, j'eus chaque semaine une violente migraine, en même temps je devins paresseux et vindicatif.

La plus longue récréation était de midi à une heure et demie; au lieu de me rendre à la salle de retenue, je pris le parti de jouer dans la cour avec mes camarades, et lorsque, l'étude commencée, le sous-directeur me demandait pourquoi j'avais manqué l'appel, je lui répondais, invariablement, que mes parents étaient venus me voir. A la fin, irrité de m'entendre répéter sans cesse une excuse aussi dérisoire, M. Valleray s'emporta jusqu'à me frapper. La lutte ne pouvait être longue; mais en me sentant battu, je saisis un mauvais canif en corne, que je dirigeai contre lui : ayant heureusement détourné la lame avec la main, il en fut quitte pour une coupure légère. Je dois ajouter qu'il ne me punit pas et se retira sans mot dire.

L'oppression des maîtres n'était pas la seule dont nous eussions à souffrir ; les élèves plus âgés ou plus forts, les *grands*, comme on les nommait nous tyrannisaient avec impunité. Je n'en citerai qu'un exemple. Je m'étais rendu coupable envers un grand d'un acte d'insubordination ; sur son ordre, deux de ceux qui lui obéissaient me saisirent, me firent asseoir sur la table du quartier, me tenant les bras de manière à rendre toute résistance impossible : après avoir joui quelques instants de la frayeur que me causait l'apprêt du supplice, il me frappa au visage à plusieurs reprises. Dans ma rage, je parvins à saisir, avec les dents, sa main que je mordis violemment. Il y a quarante ans de cela ; malgré ce long apaisement, au souvenir de ce traitement barbare, je n'éprouve pas le moindre remords de ma vengeance. Le *pion* en jugea autrement ; il témoigna son horreur de ce qu'il appelait ma férocité, en me condamnant à rester, par un froid rigoureux, à genoux, dans la cour, à la porte de l'étude. Quant à mon bourreau, pansé, choyé, il fut l'objet de son touchant intérêt.

Ces souffrances de l'éducation universitaire ont laissé dans mon âme des traces ineffaçables ; elles y ont développé de bonne heure les instincts de solidarité au point que je n'ai jamais été témoin, jamais je n'ai entendu le simple récit d'une injustice, sans en ressentir le contre-coup ; je leur dois encore d'avoir été, dans toute l'étendue du mot, un excellent camarade.

On sait que sous la branche aîné des Bourbons le duc d'Orléans envoyait ses fils au collége ; l'aîné, le duc de Chartres, suivait les cours à Henri IV ; pendant l'intervalle des classes, il travaillait dans un appartement donnant sur un jardin particulier. Son précepteur, M. de Boismilon, qui se rappelait m'avoir aperçu, quelques années auparavant, en pension chez M. Massin, et qui connaissait mes droits à la pairie, conçut la bienveillante idée de faire de moi l'ami du prince son élève : une après-dînée, il me fit venir et nous mit en présence. Des bas tombant jusque sur mes talons, un pantalon trop court, un habit d'une longueur démesurée, une cravate noire roulée autour du cou et retenue par un noyau d'abricot, le tout couvert d'encre et de poussière, ma pâleur, mes grands yeux noirs effarouchés, mes cheveux épais, incultes, se dressant dans tous les sens, enfin mon air de chat sauvage n'étaient pas propres à attirer la sympathie d'un jeune prince, poli, élégant, distingué, au-dessus de son âge par les manières et l'éducation. Je ne répondis que par des monosyllabes aux questions qu'il voulut bien m'adresser, et je vis avec joie arriver la fin de l'entretien. L'épreuve ne recommença pas.

Sans doute, plus tard, l'habitude du monde
m'a heureusement transformé; mes rapports
obligés avec les souverains et les grands sont devenus plus faciles en apparence; pourtant, j'ai
toute ma vie éprouvé quelque contrainte dans
mes relations avec les hommes d'un rang supérieur, et aussi de la gêne vis-à-vis des inférieurs :
je ne respire à l'aise, et je n'ai ma valeur qu'a-
vec des égaux.

Je passai de la sorte près de trois années. Ma
petitesse, ma chétive apparence, qui masquait une
excellente constitution, me firent longtemps regarder comme peu dangereux; cependant ma
complicité dans toutes les tentatives de révolte
finit par attirer l'attention, et le proviseur, ayant
reconnu que j'en étais l'infatigable instigateur,
se décida à me renvoyer à ma famille.

Avant de quitter ces tristes souvenirs de la vie
de collége, je dois dire un mot de la manière
dont le catholicisme était enseigné et pratiqué à
Henri IV, et les diverses phases d'indifférence,
d'affirmation et de négation par lesquelles mon
esprit passa successivement.

Un aumônier et un sous-aumônier avaient la
direction de nos jeunes consciences. L'abbé de
Salinis, aumônier, était un homme fin, joli, mon-
dain, insinuant, préoccupé surtout de l'obser-
vance des pratiques extérieures, et tirant vanité du
grand nombre d'enfants qu'il savait amener cha-

que année à la *sainte table*, sans trop s'inquiéter
de l'état de leurs âmes. L'abbé Gerbet, son sup-
pléant, était une nature sérieuse et tendre, d'une
grande instruction et d'un esprit distingué ; il aurait voulu faire partager à tous l'ardeur de sa foi :
ne pouvant y réussir, il n'acceptait que les adhésions sincères et réfléchies.

On se rappelle les nombreux moyens d'action
employés par le gouvernement de la Restauration pour catholiciser la jeunesse universitaire ;
aussi pendant le Carême, jusqu'à Pâques, les pré-
dicateurs en vogue parcouraient les colléges. Le
chef des missionnaires, l'abbé de Janson, avec
sa figure de Satan repenti, cherchait à impres-
sionner nos imaginations par le récit de sa mira-
culeuse conversion, de ses austérités surhumai-
nes, de son pèlerinage à Jérusalem, et surtout
par une effrayante peinture du supplice des
damnés. Le prince abbé de Rohan, avec sa coquetterie chevaleresque, s'adressait à nos sentiments d'honneur et de patriotisme : « Jeunesse
française ! jeunesse chrétienne ! compatriotes de
saint Louis, de Jeanne d'Arc, de Bayard ! comment pourriez-vous déserter la foi de tant de héros et de saints ! » D'autres, les abbés Fayet et
Guyon, plus hardis en apparence, rétorquaient à
leur aise, dans des discussions sans réplique, les
arguments supposés de l'incrédulité ; enfin, l'illustre auteur de l'*Essai sur l'indifférence*, plus

tard des *Paroles d'un croyant,* introduit par son
fervent disciple l'abbé Gerbet, réunissait les plus
âgés dans des conférences où sa science et son
génie luttaient avec avantage contre les objections timides et la raison désarmée des enfants.

Malgré tant d'efforts convergeant vers un
même but, les croyances religieuses étaient rares
parmi nous, et ne dépassaient guère l'époque de
la première communion. Grandie sous la République, le Consulat et l'Empire, la bourgeoisie,
dont les fils peuplaient les colléges, était généralement voltairienne ; ce n'était donc pas au sein
de la famille que ses fils auraient puisé les principes du catholicisme. Mais, par une routine napoléonienne, cette bourgeoisie, à peine déiste, se
croyait obligée à une déférence tout extérieure
envers le culte ; elle se mariait à l'église, présentait ses enfants au baptême, et leur faisait faire
une première communion. La source de ces tristes
inconséquences était la religion officielle, le culte
de parade né du Concordat, solennellement inau-
guré au sacre de l'empereur, servilement pratiqué
par une armée de fonctionnaires, et qui a trouvé
son parfait symbole dans l'invention d'une *Saint-
Napoléon* dont la célébration fut habilement con-
fondue avec la fête de l'Assomption.

De moi-même, j'étais peu enclin à la dévotion ;
au début et à la fin de la journée, à chaque
classe, à chaque repas, tantôt un maître et tantôt

un élève récitait du bout des lèvres des prières latines que j'entendais sans les comprendre : je ne causais pas trop pendant la messe, je ne dormais pas trop au sermon, mais les grands problèmes de l'âme immortelle, des peines et récompenses dans une autre vie, n'avaient jamais éveillé mon attention; ce fut l'abbé Gerbet qui, pour me préparer à la première communion, m'ouvrit ce monde nouveau. Je l'y suivis docilement : mon intelligence paresseuse, édifiée par l'exemple des grands esprits qui, depuis dix-huit siècles, avaient accepté, d'un cœur soumis, les dogmes et les mystères, ne concevait aucun doute.

Après mes examens de catéchisme, j'entrai en retraite; mais alors les sombres prédications sur les peines éternelles, dont j'ai parlé plus haut, firent naître en moi les plus tristes inquiétudes. Mon premier usage de la prière avait été pour ma mère, mes premières craintes furent également pour elle. On nous répétait sans cesse que, sans la foi, la bonté, la douceur, la vertu même étaient insuffisantes au salut; que ne pas pratiquer la religion, ne pas approcher des sacrements, mourir en état de péché mortel entraînait la damnation : je me rappelai, en frémissant, que ma mère ne hantait jamais les églises, qu'aucun prêtre ne l'avait assistée à sa dernière heure. Mon confesseur s'étendit en vain sur la miséricorde infinie de Dieu, sur les mystères de sa grâce, sur les chances de la contrition au moment suprême, il né réussit qu'imparfaitement à me consoler. Dès lors, sans m'en rendre compte, j'entrevoyais quelque chose de mesquin, d'insuffisant dans ce but unique du salut personnel : à une béatitude égoïste, j'eusse préféré un avenir de souffrance près de ceux que j'avais aimés.

La veille de Pâques, ayant écouté ma confession générale, l'abbé Gerbet me demanda si j'avais enfin triomphé de ma haine contre les maîtres dont je croyais avoir à me plaindre ; ma réponse fut que cette victoire était au-dessus de mes forces : il me refusa donc l'absolution, et ma communion se trouva remise à l'année suivante. En 1824, le même motif me fit échouer de nouveau ; mais cette fois, sur le conseil d'un de mes amis, m'étant présenté à l'abbé de Salinis, celui-ci m'admit sans plus ample informé.

Sans être vive, ma foi était sincère quand mon tuteur me prêta l'*Histoire de la décadence et de la chute de l'Empire romain,* de Gibbon, traduite et annotée par M. Guizot. Ce fut le premier livre sérieux qui me tomba sous la main ; son titre et l'ignorance de nos *pions* lui permettaient de circuler librement. Malgré mes quatorze ans, les questions religieuses sur lesquelles on avait, depuis plusieurs mois, dirigé mon attention, me le firent lire avec un intérêt passionné. Son esprit clair, froid, consciencieux, sa critique sévère, ses explications simples et naturelles, enfin le précis historique de chaque dogme, avec son acte de naissance et la série de ses transformations, anéantissaient dans mon esprit tout le symbolisme chrétien. La vie de l'auteur, racontée au début de ses œuvres, venait encore ajouter au poids de sa parole : la recherche de la vérité avait été la seule passion de ce grand sceptique du XVIIIᵉ siècle ; né anglican, à la suite d'un premier examen, il avait abjuré le protestantisme pour le catholicisme, et c'est plus tard, après une étude plus approfondie, que, dans son livre, il avait entrepris de démontrer la fausseté de sa seconde religion.

Depuis lors, j'ai bien souvent quitté, repris, pour les abandonner encore, ces hypothèses insolubles des causes premières et finales, de la fatalité et du libre arbitre, du but de l'humanité ; mais à dater de cette époque j'ai cessé d'être catholique et chrétien.

IV

LA *MARSEILLAISE*, PREMIÈRE IMPRESSION POLITIQUE.
— ENTRETIEN DE MON TUTEUR AVEC CHARLES X.

A quinze ans, je quittai le collége, ainsi que je l'ai déjà dit, avec le dégoût de l'étude, le mépris de l'autorité, et une aversion insurmontable pour ses représentants. Ayant achevé ma troisième, externe à Saint-Louis, je fis encore une année de pension pendant laquelle j'appris les mathématiques élémentaires. Jusque-là, en politique, mes notions avaient été nulles, mes impressions vagues et confuses, celles d'un enfant. Une ignorance absolue de l'histoire moderne aurait pu prolonger cet état d'insouciance, dont le hasard me fit sortir.

Le frère de mon tuteur, M. Amédée Jaubert, l'orientaliste, m'avait engagé à dîner avec ses deux fils; c'était un homme d'une cinquantaine d'années, que les voyages et les fatigues avaient

vieilli avant l'heure ; il avait promis de nous me-
ner à la Comédie-Française : au dessert, sa femme
s'étant retirée pour s'habiller, par un singulier
retour de jeunesse, nous versant à chacun un petit verre de vin, d'une voix un peu cassée, il en-
tonna la *Marseillaise*. Aucun de nous ne savait
que, trente-trois ans auparavant, la France républicaine avait glorieusement défendu son territoire contre l'invasion des despotes coalisés ; mais
telle est la puissance de cet hymne national, qu'au
dernier couplet, chanteur et auditeurs mêlaient
leurs larmes dans un saint enthousiasme. Il serait
absurde d'en conclure qu'à cause de cela, nous
fussions devenus républicains. M. Amédée Jaubert, qui devait sa fortune à l'empereur, n'était
qu'un libéral napoléonien comme il y en avait
beaucoup alors, et, quant à nous, nous eussions
été bien incapables de formuler une opinion ; mais,
après avoir entendu ce chant héroïque, nous
étions *Français, ennemis de l'étranger*, et nous
prenions part aux destinées de notre pays.

A mon attention nouvellement éveillée sur les
affaires publiques, toute une littérature à 25 cen-
times servit d'abord d'aliment : des pièces politiques : *Tartuffe, le Mariage de Figaro*, le *Tibère*,
de Joseph Chénier ; *les Victimes cloîtrées*, de
Monvel ; des brochures contre la *Loi du sacrilège*
et le Droit d'aînesse, la Villéliade, de Méry et
Barthélemy, *les Chansons de Béranger, la Charte*,

2.

édition Touquet, étaient achetées, lues, apprises, discutées avec mes amis. Chez ma sœur, pendant mes vacances et mes jours de sortie, je trouvais le *Globe*, des pamphlets de Paul-Louis Courier, et des exemplaires des ouvrages que le ministère public était chargé de poursuivre.

J'apprenais plus encore par la conversation. MM. Berryer et Villemain comptaient parmi les habitués du salon de madame Jaubert; ils me prirent en affection tous les deux, et M. Berryer, l'illustre avocat, qui n'avait pas encore atteint l'âge de la députation, m'admit dans son intimité.

Mon tuteur, m'ayant donné le choix entre la vie de pension et celle qu'on menait aux pages, sans aucune vocation pour la carrière militaire, mais ébloui par l'espoir d'une liberté relative et d'un brillant uniforme, j'adoptai le second parti. En conséquence, M. Jaubert demanda une audience au roi Charles X. De cet entretien, noté par mon beau-frère, le passage suivant mérite d'être rapporté :

« Eh bien, » dit le roi, d'un air bienveillant, « qu'y a-t-il pour votre service? » M. Jaubert exposa l'objet de sa demande. — « Nous verrons « cela, » répondit le roi; puis il continua : — « Que fait-on donc, maintenant, au Palais? — « Sire, nous devons inaugurer, demain, la statue « de Malesherbes, et, chargé de prononcer le « discours de rentrée de la cour royale, j'ai pris

« pour sujet l'éloge de ce grand magistrat. —
« Malesherbes ! » s'écria le roi en levant les
« mains au ciel, « ah ! il nous a fait bien du mal !
« mais il a payé de sa tête ses fatales erreurs ; il
« faut lui pardonner. » Puis, sans transition : —
« Vous ne sauriez croire combien les petits jour-
« naux nous sont nuisibles. — Sire, nous tâchons
« de réprimer leurs écarts ; les magistrats de la
« cour royale de Paris sont pleins de dévoue-
« ment pour Votre Majesté. — Fort bien ! mais
« qu'ils nous en donnent des preuves. J'aime la
« magistrature : Henri IV disait que les robins
« lui avaient rendu de grands services... Bona-
« parte n'a jamais voulu accorder la liberté de la
« presse ; il avait bien raison ! c'était un grand
« homme, et il avait obtenu le respect des Fran-
« çais. — Sire, vous l'avez aussi. — Oui, oui, »
« et, ajouta le roi, en souriant, « nous avons
« leur amour. On a prétendu que les étrangers
« nous avaient remis snr le trône, c'est un men-
« songe ; en 1814, on était las du joug de Bo-
« naparte ; nous avons paru, et son épée est
« tombée de sa main.... »

Quelques jours après, j'étais sur la liste des
pages, et le 1ᵉʳ octobre 1826, j'allais à Versailles
rejoindre mes camarades.

V

Les pages de ma promotion, au nombre de dix-huit, avaient été triés, avec soin, parmi les rejetons d'une noblesse dévouée à la personne du souverain. Les plus riches, élevés dans leur famille par des abbés précepteurs, avaient de bonnes manières, un certain usage du monde, la mémoire exercée, des habitudes de piété, en un mot, ce qu'on est convenu d'appeler des principes; mais ils étaient imbus de la supériorité de leur naissance, personnels, timorés, dénués d'initiative, et plus encore de l'esprit de solidarité, qui se développe par la vie en commun.

D'autres venaient de Saint-Acheul, formés par les jésuites. Pendant les années passées sous la direction des Pères de la Foi, leur existence avait été douce : une bonne nourriture, de longues récréations, des soins presque paternels, leur avaient laissé un souvenir reconnaissant pour ces guides de leur première jeunesse; mais leurs études étaient faibles, leur enseignement avait été tellement expurgé, faussé par un système de fraude pieuse et de restriction mentale qu'une ignorance absolue eût été moins préjudiciable à leur jugement : les instincts d'indépendance domptés, la raison pervertie, cette virilité de l'esprit qui nous pousse à la découverte de la vérité, extirpée dans sa racine, tels étaient les vices incurables de cette éducation, qui leur enlevait jusqu'à la conscience de ce qu'ils avaient perdu.

Les premiers paraissaient plus propres à devenir des courtisans, les seconds les instruments aveugles d'un gouvernement clérical.

D'autres enfin, Provençaux, Gascons, Limousins, surtout Vendéens et Bretons, sortaient en majorité des colléges de province et fournissaient à la légitimité de braves et loyaux officiers.

Le géneral de Belle-Isle, commandant en chef, ayant été mis depuis peu à la retraite, la direction de Versailles était échue à un simple colonel. Celui-ci approchait de la soixantaine; il pensait bien et à propos; entré au service dans la gen-

darmerie, sa dévotion, son zèle à saluer le retour
des Bourbons lui avaient fait franchir plusieurs
grades à une époque de *bon plaisir*. Ses décorations, ses cheveux blancs, ses traits fins et réguliers auraient commandé le respect, mais sa physionomie manquait de dignité, et ses décorations
avaient été gagnées depuis la paix. C'était un
homme médiocre, faible, d'allures policières, indulgent pour les infractions à la discipline, sévère
pour les étourderies naturelles à notre âge ; pour
tout ce qui s'attaquait à la politique et à la religion, les coupables devenaient à ses yeux des cri-
minels d'État.

Sous lui, le commandant de Nesle, officier de
mérite qu'une blessure avait forcé, jeune encore,
de quitter le service, était chargé de notre instruction militaire, et formait avec lui, sur tous les
points, un contraste parfait.

Les lieutenants de Laroque et d'Ieghen com-
plétaient le personnel de nos supérieurs. L'un,
débonnaire, sans rancune contre nos espiégle-
ries, brave de cœur et bourgeois d'apparence,
avait plutôt l'air d'un garde national que d'un officier d'infanterie. L'autre, troupier fini, soigneux,
ciré, brossé, cousant bien, lisant mal, que sa gros-
sière ignorance avait retenu dans les grades su-
balternes, nous enseignait le maniement du sabre
et l'école de cavalerie.

Pour le spirituel, nous avions un aumônier,

l'abbé Godot, et un confesseur ambulant, l'abbé
de Villers, qui dirigeait en même temps les filles
détenues à Saint-Lazare.

Nous relevions du ministre de la maison du roi,
et les membres de la famille royale, les princesses
surtout, nous honoraient d'une bienveillante protection : par suite, rien n'était négligé pour maintenir intacte la pureté de nos principes et de
notre foi. Non-seulement nous assistions, dans
une chapelle particulière, aux prières quoti-
diennes, à l'office divin, aux sermons, aux vê-
pres, mais nous étions tenus de servir la messe
et d'approcher des sacrements.

Chaque soir, la *Gazette* et la *Quotidienne* nous
initiaient à la vie politique.

Aussi, en pénétrant dans cette citadelle du
Droit divin, mon désappointement fut extrême.
Les rêves de cour et de galanterie qu'avait fait
naître en moi la lecture des *Mémoires de Florian*
et du *Mariage de Figaro* se trouvaient remplacés
par une captivité moitié claustrale et moitié militaire. Un grand bien-être matériel, une nourriture recherchée, le plaisir d'être servi dans de la
vaisselle plate par un nombreux domestique, de
monter de beaux chevaux, la satisfaction de mon
goût pour les exercices du corps, me semblaient
des compensations trop minces d'une privation
absolue de la liberté.

A peine installés, un examinateur de Saint-Cyr,

le baron Reynaud, nous interrogeait et prenait
la mesure de notre instruction ; épreuve dérisoire,
car il n'y a pas d'exemple que l'examinateur ait
refusé pour incapacité un seul de ceux que le roi
avait choisis. Le résultat me fut favorable, et
M. Reynaud fonda, de prime abord, sur Max de
Béthune et sur moi ses plus belles espérances. En
ce qui me concerne, cette bonne impression dura
peu. Dès la fin de la première année, ma paresse
à remplir les devoirs imposés, mon indiscipline,
mon irréligion m'attirèrent la plus dure des péni-
tences : je fus privé du grand congé de deux
mois.

L'année suivante fut plus orageuse encore.
Moyennant cinq francs par mois donnés à un palefrenier, je trouvais, chaque matin, sous une
pierre, le *Journal des Débats*, dont Chateaubriand
faisait une arme terrible contre le ministère Villèle ; plus tard, je recevais, par la même voie
détournée, les cours imprimés de MM. Villemain,
Guizot et Cousin. Les leçons de littérature étaient
lues avec avidité ; la philosophie de l'histoire
exigeait de ma part un travail opiniâtre ; quant a
la philosophie pure, j'avouerai humblement que
mon ignorance et l'emploi des termes techniques
par M. Cousin me la rendaient inintelligible. On
croira peut-être que chez un étourdi de dix-sept
ans, avide de plaisir, le principal attrait de ces
lectures était dans l'interdiction dont elles étaient

frappées et dans la difficulté de se les procurer ;
c'est une erreur. Ma nature était double, et les
appétits de l'esprit n'étaient pas moins impérieux
chez moi que ceux des sens et de l'imagination :
ainsi, étant encore en pension, j'avais, faute de
mieux, dévoré l'ouvrage entier de M. Orfila sur
la chimie organique. Comme je partageais cette
littérature prohibée avec mes camarades, je ne
tardai pas à être signalé par mes chefs comme un
être dangereux qu'il fallait éviter. Inutile d'a-
jouter que la recommandation fut vaine : tous
continuèrent leurs rapports intimes avec moi, et
quelques-uns furent mes amis.

J'avais rencontré dans nos professeurs de littérature, d'histoire et de mathématiques, des
auxiliaires aussi précieux qu'imprévus. M. Car-
lier, poëte et romantique, passait d'André Chénier à Victor Hugo ; puis après *Cromwell*, *Claude
Gueux*, enhardi par le succès, il nous faisait connaître le *Pinto* de Lemercier, et les *Barricades*
de M. Vitet. Plus réservé, M. Varin maintenait
son cours dans les premières périodes de l'histoire de France, et s'arrêtait à la *Renaissance ;*
mais il mettait à notre disposition les chroniques
et mémoires, y compris ceux de Saint-Simon.
M. Dumouchel ne bornait pas son enseignement
aux mathématiques : ardent et aventureux, il
avait fait l'expédition de Bougainville ou de La
Pérouse autour du monde ; à son retour, il avait

été, pendant trois ans, secrétaire de Royer-Collard; il avait conservé le culte de ce grand esprit,
et poussait l'audace jusqu'à nous réciter et com-
menter ses discours à la chambre des députés.
Rien ne prouve mieux que ces exemples l'inutilité
du réseau de précautions dont on nous entourait,
et l'invincible puissance de l'idée libérale sous la
Restauration.

Notre aumônier étant mort, un jeune prêtre
fanatique et intolérant fut désigné à sa place.
Après de vains efforts pour nous communiquer
son enthousiasme, il essaya de la rigueur, et obtint du colonel des punitions qui n'étaient nullement en rapport avec le crime d'avoir causé pendant la célébration de l'office, ou d'avoir dormi
pendant ses interminables sermons. Une révolte
éclata; toute une semaine, un désordre complet
régna dans l'hôtel des pages. Demander notre
licenciement, c'était s'aliéner des familles bien
en cour, peut-être provoquer sa propre destitution; le colonel se contenta de retenir Louis de
Montbrun et moi en prison, jusqu'à ce que l'effervescence fût calmée. En résumé, pendant mon
séjour à Versailles, j'avais passé plus de trois
mois tant à la salle de police qu'en prison : cela
ne contribua pas à développer en moi la vocation
militaire.

A Paris, M. de Brizoult, congréganiste, fonctionnaire civil, simple secrétaire de M. de Poli-

gnac, venait d'être nommé sous-gouverneur, en
remplacement du colonel de Razac ; actif, ambitieux, mêlé aux intrigues politiques, nous ne
venions qu'en seconde ligne dans ses préoccupations.

Notre service avait lieu aux Tuileries les jours
de réception, puis aux cérémonies publiques, aux
revues, aux chasses, etc. ; il consistait en une
noble domesticité. Une fois ma curiosité satisfaite,
je m'en dégoûtai vite, et, le plus souvent, je cé-
dais mon tour à des camarades mieux disposés.
En dehors du service, nos sorties étaient fréquentes, et nous jouissions d'une certaine liberté :
aussi, j'eus soin de ne mériter aucune punition.

Un matin que, légèrement indisposé, j'avais
manqué le manége, resté seul dans la salle de
topographie, je vis entrer deux dames que je reconnus, à leur approche, pour la duchesse d'An-
goulême et l'une de ses dames d'honneur. Par
un singulier hasard, la princesse, dans sa visite
improvisée, avait pénétré jusqu'à moi sans rencontrer personne. Lui ayant demandé ses ordres,
je lui servis de guide pour visiter l'hôtel en détail ; je la conduisis ainsi jusque dans nos chambres. Après s'être arrêtée un instant à la chapelle,
et avoir examiné mon attitude dans le lieu saint-
elle me remercia et se rendit au manége. Je cite
ce fait parce qu'il montre le degré de minutieuse
bienveillance dont nous étions l'objet.

Je remplis pour la dernière fois mes fonctions à la cour, le 9 août 1829, jour où parut au *Moniteur* la nomination du ministère de Polignac. Sans être exalté en politique, je partageais l'émotion de tout Paris ; aux Tuileries, au contraire, la confiance et la joie étaient sur les visages.

Seul, retiré dans une embrasure avec un lieutenant général, le prince de Hohenlohe causait d'un ton d'extrême animation ; je me dirigeai de son côté :

« Il faut le prendre encore chaud, » disait-il, « et le mettre sur un brasier ardent. »

C'était d'un chevreuil qu'il s'agissait.

VI

SORTI OFFICIER, JE PARS POUR L'ITALIE AVEC LE VI-
COMTE DE LANOUE. — MA DÉMISSION. — ROME. —
BÉRANGER, M. DROUIN DE LHUYS. — LORD AYLMER.
— LES CALABRES ET LA SICILE. — MALTE. —
L'AMIRAL MALCOLM, LORD ADOLPHUS FITZ CLARENCE.
— LE CAPITAINE COOLING. — ILES IONIENNES.

En sortant des pages, nous recevions un brevet
d'officier de cavalerie; par exception, je fus
condamné à entrer dans l'infanterie. Je pris un
congé de six mois, et, peu de temps après, le
vicomte de Lanoue, chargé d'affaires de France
à Florence, m'ayant proposé de l'accompagner,
je partis pour l'Italie.

Sous l'autorité du grand-duc et de son ministre
le compte Fossombroni, la Toscane jouissait d'une
liberté relative et d'une douce sécurité contrastant
avec l'oppression inquiète des Autrichiens en
Lombardie. La société avait le goût des arts et
la préoccupation du plaisir; on regrettait la mort

récente du vieux Demidoff et son opulente hospitalité. On jouissait des fêtes que donnait le prince
Borghèse ; à l'un de ses bals, au milieu d'une
réunion de femmes les plus élégantes et les plus
jolies, je fus frappé de l'apparition d'une étrange
beauté : sa toilette noire et rouge était simple et
bizarre ; des cheveux noirs et fins, naturellement
ondés, sans aucun ornement, le front large d'un
jeune Faust, des sourcils admirablement dessinés,
les grands yeux écartés d'une statue antique, un
regard mystérieux donnaient au haut du visage
quelque chose de sévère et de profond ; tandis
que la perfection du nez, le délicieux sourire et
l'attrait d'une fossette décelaient la grâce féminine
dans tout son charme ; le teint était pâle et mat :
elle avait à peine vingt ans et semblait vivre pour
la seconde fois. Je demandai son nom : Princesse
Belgiojoso. Auprès d'elle lord Normanby, le
comte de Larochefoucauld, d'autres personnages
encore : la voyant si entourée, je renonçai à l'idée
de lui être présenté.

L'amitié du vicomte de Lanoue, mon titre et
ma pairie m'avaient valu de toutes parts le meilleur accueil ; on sympathisait à ma gaieté et à ma
jeunesse. Un des hôtes les plus assidus de l'ambassade de Prusse, le baron de Rosenberg, dont
les chevaux aux courses *delle Cascine* rempor-
taient presque tous les prix, beau joueur, menant
grand train, fort à la mode dans la bonne com-

pagnie, m'avait pris en goût et m'invitait souvent malgré mon éloignement pour le jeu. Mais cet accueil de tous ne put me retenir : m'arrachant à ce séjour agréable, j'allai visiter le nord de l'Italie.

J'étais parti chargé de recommandations; arrivé à Milán et dînant chez le consul de France, il voulut savoir à qui s'adressaient mes lettres d'introduction. Au nom du prince Belgiojoso, il se récria :

— « Jeune homme, me dit-il, gardez-vous de faire une connaissance aussi dangereuse : le prince est un don Juan qui remplit notre ville du bruit de ses sérénades et du scandale de ses désordres. » On pense bien qu'à la suite de ce sage conseil, dès le lendemain matin, je me rendis au palais Belgiojoso; mais le propriétaire était en chasse, et je fis de nécessité vertu.

La fin de mon congé approchait quand je revins à Florence; il me fallait renoncer à la continuation de mon voyage ou à mon grade dans l'armée. Croyant la paix assurée, et ne prévoyant aucune chance de faire campagne, je résolus, malgré les pressantes remontrances de mon oncle, le général d'Alton, de quitter le service : j'envoyai, de Rome, ma démission au ministre de la guerre.

Notre ambassadeur près du saint-siége, le duc de Montmorency-Laval, était absent; mais le

véritable représentant de notre pays, celui qui
accueillait nos compatriotes, les admettait à ses
fêtes, et exerçait sur la société de la Ville Éternelle une influence prépondérante, était le directeur des beaux-arts, Horace Vernet. Ainsi partout, à l'extérieur comme à l'intérieur, l'aristocratie du talent, de l'intelligence, de la richesse,
tête de la bourgeoisie, tendait à se substituer à
l'aristocratie de la naissance. Celle-ci, dédaigneuse, exclusive, renfermait son action dans le
cercle, infiniment restreint, de ses partisans.

Le 1ᵉʳ janvier 1830, nous célébrions à Rome
l'année nouvelle, dans une réunion intime de
jeunes gens, avocats, médecins, peintres, musiciens, architectes; comme d'habitude, on y chanta
la *Marseillaise* et les chansons de Béranger. Pour
la troisième fois, revient sous ma plume le nom
du poëte que l'amour du peuple rendit inviolable
et sacré pendant sa vie, et qui, depuis sa mort,
a été l'objet de critiques passionnées. Quoiqu'il
soit aujourd'hui de bon ton de le traiter de *bourgeois* et de *Philistin*, de lui reprocher sa *poésie
roturière*, et de l'accuser, chose étrange, d'avoir
été un *faux ivrogne* et un *faux libertin*, je n'aurai
pas la faiblesse de renier celui qui a consolé la
patrie vaincue, pansé ses blessures, relevé son
courage ; qui a constamment sonné la charge
contre le roi de droit divin, les émigrés, les ultramontains; celui qui, pour tout dire, unissant

peuple et bourgeoisie dans le désir de la liberté, a préparé pendant quinze ans la victoire de Juillet.

Ce fut dans une de ces réunions que je connus M. Drouin de Lhuys; après avoir remporté le prix d'honneur, il voyageait en Italie. C'était un grand jeune homme au teint coloré, aux sourcils noirs et épais, au regard long et un peu sournois, singulier mélange de l'universitaire, du jésuite et de l'aspirant diplomate. Pour abréger la longueur du voyage, il recherchait la camaraderie; mais une fois en ville, il se séparait, tenait son rang et fréquentait le monde officiel. C'est de la sorte qu'après avoir fait route tous ensemble de Rome à Naples, je fus bientôt à peu près seul à le rencontrer dans les ambassades.

Je passai dans cette capitale trois mois rapides comme un jour. Au moment de partir, je reçus une lettre de Florence du vicomte de Lanoue. Il m'apprenait qu'en mon absence la fureur du jeu s'était encore accrue; qu'à la suite d'une perte considérable, M. Romanowitch avait fort injustement provoqué le baron de Rosenberg, et que dans un duel où tout s'était passé de part et d'autre avec une parfaite loyauté, celui-ci avait eu le malheur de tuer son adversaire. « Il est probable, ajoutait-il, que Rosenberg sera à Naples en même temps que ma lettre. Je vous prie, en mémoire de vos bonnes relations, de rendre témoignage de l'honorabilité de sa conduite. »

Je visitai ensuite les Calabres et la Sicile.

Sur le vapeur napolitain, je rencontrai mon ami lord Aylmer, lieutenant général et ancien gouverneur du Canada, type accompli du gentleman anglais. A notre arrivée en rade de Malte, je fus présenté par lui à l'amiral Malcolm et au colonel lord Adolphus Fitz Clarence; j'assistai aux fêtes splendides données à bord des vaisseaux l'*Asia*, le *Great Britannia* et de la frégate *Madagascar*. Le *captain* Cooling, chargé de lever les plans des côtes d'Albanie et de Morée, m'ayant gracieusement offert de me conduire à Corfou avec mes compagnons, après avoir fait mes adieux à lord Aylmer, je m'embarquai sur la corvette *The Mastif*. Douze coups de canon furent tirés en quittant le port; j'en demandai la cause, on me dit que c'était à mon intention : par courtoisie, le *captain* Cooling m'avait accordé des honneurs que j'appris alors être d'usage à l'égard des pairs de l'aristocratique Angleterre.

Au bout de sept jours d'une cordiale hospitalité, je descendis à Corfou. Les femmes de la république des Sept-Iles sont célèbres par leur beauté : le gouverneur sir Frédérick Adam, et, à Malte, lord Ponsonby avaient épousé deux dames corfiotes ; malgré ces unions fréquentes des officiers anglais avec les Ioniennes, et le souvenir encore récent de la bataille de Navarin, ces Grecs

avaient conçu une haine implacable contre leurs
protecteurs, qui les forçaient au travail, et les
employaient en ce moment même à la construction d'une immense prison. Tout habit rouge qui
s'écartait, le soir, des habitations, était assassiné
sans pitié : pendant mon séjour, dans l'espace
de quelques semaines, les insulaires, désarmés,
avaient assommé, à coup de sacs remplis de sable,
deux soldats et un officier dont les cadavres furent trouvés au bord de la mer.

L'indifférence était le partage des Français :
les Russes seuls avaient profité du concours prêté
aux Grecs contre les Turcs, et de la victoire
remportée en commun par les trois grandes puissances. Partout, à Sainte-Maure, à Zante, à Céphalonie, je trouvais, suspendues à la muraille,
comme chez nous les images de Cambronne et
de Poniatowski, des gravures informes représentant des victoires des Russes sur les Français.

Faut-il conclure de là que le mouvement général des esprits, qui, en Angleterre et en France,
de 1822 à 1828, se prononça si chaleureusement
en faveur des Hellènes, fut contraire aux intérêts
légitimes de ces deux pays; que poëtes et prosa-
teurs, Byron, Chateaubriand, Béranger, Victor
Hugo, Villemain entraînèrent l'opinion dans une
fausse voie; que l'anéantissement de la flotte tur-
que fut un malheur, la victoire de Navarin une

faute? Je l'ai cru longtemps : soutenir contre le sultan, notre ancien et fidèle allié, un petit peuple abaissé par un esclavage de plusieurs siècles, travaillé de longue main par des émissaires du czar, uni de religion avec les Russes, et qui, aux premiers pas qu'il faisait débarrassé de ses chaînes, semblait prêt à trébucher dans leurs bras, c'était, selon toute apparence, concourir, au prix de notre sang et de notre or, à livrer, tôt ou tard, l'Orient à l'ambition moscovite. Aux prévisions menaçantes de cette politique étroitement nationale, certains faits semblent opposer un premier démenti : Othon chassé, le suffrage universel lui a donné pour successeur, à la presque unanimité, le prince Alfred, second fils de la reine d'Angleterre. Les Grecs, à moitié Russes il y a trente-quatre ans, sont-ils devenus Anglais aujourd'hui? Non : mais depuis trente-quatre ans, ils se sont redressés peu à peu; ils commencent à se tenir debout et à marcher; ils ont la volonté et se sentent la force d'être une nation. Le choix du prince Alfred est le prix de la cession des Sept-Iles; de la dépouille ottomane doit se former en Europe un vaste État grec, indépendant, capable au besoin de nous servir d'avant-garde contre les envahissements de la Russie, et de soutenir les droits des neutres dans la Méditerranée, même contre les prétentions de l'Angleterre. En tout cas, il faut reconnaître qu'au-dessus de la politique nationale, il y a une politique supérieure de l'humanité, qu'au-dessus de l'intérêt particulier à chaque pays, il y a l'intérêt général de la civilisation.

Si le progrès de l'humanité consiste dans l'accroissement de son bien-être matériel et moral, de ses connaissances et de ses produits, quel plus grand progrès que la résurrection d'un peuple s'élevant par degrés, de l'esclavage à l'indépendance, de la misère à l'aisance, de l'ignorance à l'instruction, enfin à la liberté?

VII

Je vins de Céphalonie en Morée dans une bar-
que montée par des maraudeurs grecs, dont l'industrie clandestine consistait à enlever quelques-uns des canons turcs ensevelis, deux ans
auparavant, dans la rade de Navarin. Déjà malade, je fus contraint de renoncer à suivre plus
loin mes compagnons, qui continuèrent leur route
vers Constantinople. Je restai d'abord chez l'a-
gent consulaire français, M. Dijon, puis chez le

médecin de l'armée. M. Duponchel, qui me prodigua ses soins avec une amitié vraiment frater-
nelle. Intelligent, doux, le cœur ouvert à tous les
bons sentiments, M. Duponchel était un de ces
hommes qui font aimer la France à l'étranger ;
il parlait le grec moderne avec facilité, et non
content de traiter gratis tous ceux qui se présentait, il distribuait en menues aumônes, aux plus
pauvres, une partie de son traitement.

Nous étions depuis vingt jours sans nouvelles
de France quand, un matin, le docteur entra dans
la chambre, hors d'haleine, et jetant sur mon lit
un paquet de journaux, il s'écria :

— « Charles X chassé ! Gouvernement provisoire ! »

Soit pour l'étude, soit pour le plaisir, j'avais à
peu près perdu, aux pages, trois précieuses années de ma jeunesse ; je n'avais même pas profité
du brevet de sous-lieutenant qui nous était délivré
à la sortie. Pourtant, dans l'ignorance des événements antérieurs, je restai muet de surprise en
apprenant l'expulsion du vieux roi dont l'escadre
avait vaincu à Navarin et dont l'armée venait de
conquérir Alger.

Une lecture rapide des journaux, du 13 au 29
juillet, nous fit passer Duponchel et moi par de
bien autres émotions. En moins d'une heure, nous
avions partagé la stupeur causée par les fatales
ordonnances, puis les frémissements de l'opinion,

l'indignation populaire; l'anxiété de la lutte, enfin l'enthousiasme du triomphe; au récit de tant de traits d'héroïsme, de grandeur, de désintéressement, nos cœurs se gonflaient, nos yeux se remplissaient de larmes, nous tombions dans les bras l'un de l'autre.

Partout, le drapeau tricolore avait été celui de l'insurrection victorieuse; néanmoins le bâtiment qui venait d'apporter le courrier si impatiemment attendu était arrivé sans pavillon. Seul voyageur civil au milieu de notre petite armée, je jouissais d'une entière liberté; je résolus d'adopter le premier les trois couleurs : à quatre heures, en me rendant pour dîner à la pension des officiers de l'artillerie et du génie, je traversai Navarin, donnant le bras à Duponchel, avec une cocarde tricolore à mon chapeau. Le lendemain, presque tous les habitants grecs imitaient mon exemple. Les grandes nouvelles avaient également agité Coron et Modon où se trouvait le quartier général; là M. Fabreguet, ami du futur maréchal Sébastiani, et dont la maison était un centre de réunion libérale, prit la cocarde comme j'avais fait à Navarin : malgré l'influence qu'il exerçait sur le général en chef, Schneider, celui-ci hésitait encore. Le deuxième jour, en arborant le drapeau tricolore sur la forteresse du Haut-Navarin, le corps d'officiers d'artillerie et du génie lui força la main.

A la fin de notre repas en plein air, environ une
heure avant le coucher du soleil, sur l'ordre du
commandant du génie, les soldats ayant formé le
cercle, un sapeur monta à un mât planté au milieu de la cour de la citadelle, et y attacha une
flamme tricolore. Alors seulement se révéla à nous
la difficulté de la situation. Les journaux de
France ne donnaient aucun renseignement sur la
formation du gouvernement nouveau : au milieu
de notre embarras, les uns crièrent : *Vive la Ré
publique!* d'autres : *Vive Napoléon II!* et, chose
curieuse à constater, pas une voix ne proféra le
cri de : *Vive le duc d'Orléans!* Afin de donner
un caractère de patriotique unanimité à l'acte po
litique dont cette portion de l'armée assumait la
responsabilité, officiers et soldats chantèrent en
chœur *le vieux Drapeau*, de Béranger.

Ce fut le lendemain que le général Schneider
passa à la révolution, en faisant prendre à l'armée de terre les couleurs nationales.

L'amiral de Rigny, qui commandait l'escadre
du Levant, ayant persisté dans sa fidélité au roi
des ordonnances, Navarin offrait ce singulier
spectacle de nos matelots gardant encore le pavillon blanc, tandis que nos soldats avaient adopté
les trois couleurs. Huit jours plus tard, un second
bâtiment apportait la nomination du duc d'Orléans, lieutenant général du royaume ; la frégate
la Fleur-de-Lis, sur laquelle le courrier était venu,

n'avait aucun pavillon à son mât; néanmoins elle
avait été poursuivie par deux vaisseaux anglais
de haut bord, et forcée de s'échouer à la côte
avant d'entrer en rade. Cette menace d'agression
fournit à la population grecque, aussi bien qu'aux
troupes françaises, l'occasion de manifester la
commune antipathie contre l'Angleterre; en un
clin d'œil Navarin fut mis en état de défense :
non-seulement les hommes, mais les femmes et
les enfants s'attelaient aux canons; l'enthousiasme
était général, et jamais on n'exécuta avec plus
d'entrain un branle-bas de combat. L'événement
n'eut pas d'ailleurs d'autre conséquence.

A l'époque où la nouvelle de la révolution de
Juillet nous était parvenue, je devais partir sur la
frégate l'*Atalante*, qui se rendait à Smyrne, et de
là rejoindre, à Constantinople, mes anciens camarades. L'amiral de Rigny, ayant pris la résolution de retourner en France à bord du *Conquérant*, choisit comme éclaireur l'*Atalante*, qui avait
la réputation d'être la meilleure marcheuse de
l'escadre du Levant. Le capitaine de vaisseau de
Fresne, qui la commandait, me communiqua son
changement de destination, en m'offrant de me
continuer son hospitalité pour retourner en France.
Depuis plus d'un an loin de mon pays, le désir
d'assister et de prendre part aux grandes choses
qui, sans nul doute, allaient s'y accomplir, le bonheur de revoir ma sœur et mes amis me firent ac-

-cepter sans hésiter. Le 25 août nous quittions la rade de Navarin.

A notre entrée à Toulon, Louis-Philippe était déjà depuis longtemps installé roi des Français. Le fait d'avoir placé sa fidélité au souverain au-dessus de celle qu'il devait à la nation, loin de nuire à la carrière de l'amiral de Rigny, lui devint un titre à la faveur du nouveau chef de l'État. Et ce ne fut pas là une exception ; partout, mainte-nant, dans la mesure du possible, les vieilles tra-ditions monarchiques, on s'efforça de retenir au service les hommes connus par leur attachement à la légitimité ; on récompensa ceux qui avaient donné l'exemple de l'obéissance passive, et l'on punit ceux qui, forcés d'opter entre le point d'hon-neur militaire et les devoirs du citoyen, avaient sacrifié la discipline à la cause de la liberté : cela s'appela réorganiser l'armée. Tel fut, dès son début, malgré certaines apparences contraires que les circonstances commandaient, ce gouver-nement que Lafayette avait surnommé : *la meil-leure des républiques.*

En octobre pourtant l'enthousiasme révolu-tionnaire n'était pas encore éteint ; la garde na-tionale de Marseille nous en fournit la preuve. Le duc de Valmy, notre ministre près le gouverne-ment grec, et le colonel Marmier, chef d'état-ma-jor de l'armée d'occupation, revenus à bord du *Conquérant,* se dirigeaient comme moi sur Paris.

A notre sortie de Marseille, descendus de diligence afin de monter la côte à pied, nous traversions les rangs de la garde nationale, réunie pour une revue, et proférant les cris répetés de : Vive Lafayette! quand le colonel Marmier se permit je ne sais quelle plaisanterie sur le héros des deux mondes. Aussitôt vingt baïonnettes étaient croisées sur nos poitrines, et malgré les cocardes tricolores qui ornaient nos chapeaux, la popularité du nom de Valmy suffit à grand'peine à empêcher qu'on nous fît un mauvais parti

VIII

Dans la capitale, les esprits n'étaient guère
plus calmes; les fleurs-de-lis avaient été effacées
sur tous les monuments; dans beaucoup d'endroits
on voyait encore la trace des balles, et la foule
était nombreuse devant le Louvre aux tombes
des combattants de Juillet.

La lutte avait été si héroïque, la victoire si généreuse, qu'au lendemain de la révolution une
clarté soudaine avait dissipé les préventions et les
haines, et grandi, pour un jour, les hommes de
tous les partis. Le peuple, ivre de clémence, re-
levait les vaincus qui, à leur tour, muets d'admiration, lui pardonnaient leur défaite. Il y a eu là
comme une invasion irrésistible des idées de justice et de vérité, comme un pressentiment des destinées futures de l'humanité.

Parmi les légitimistes de cette époque, beaucoup ont oublié, d'autres seraient peut-être tentés de renier leur première impression; un fait
qui m'a été maintes fois raconté par leur grand
orateur sera plus concluant que toutes mes paroles. M. de Chateaubriand avait reçu dans ces mé-
morables journées une ovation de la jeunesse des
écoles (1). Il avait noblement résisté à ses cris
enthousiastes de : Vive Chateaubriand! Le premier consul aux Tuileries! en saluant la royauté
d'un dernier hommage; mais le souvenir n'en était
pas moins resté puissant dans son cœur. Il voyait
sur les ruines du trône et de l'autel s'élever la foi républicaine; il avait visité les États-Unis; il ima-
ginait les grandes choses réservées à la France,
et le rôle glorieux des hommes appelés à diriger
sa marche; il comprenait, il s'exagérait sans
doute la force et la durée de sa popularité personnelle. Un matin, il se rendit chez Berryer, et lui
dit en substance :

— « La légitimité est morte et bien morte ; ce
n'est pas Charles X ou la branche aînée des Bourbons, c'est la royauté qui s'en va (2): l'avenir est

(1) *Mémoires d'outre-tombe*, t. IX, p. 262.
(2) *Ibid.*, p. 376 et suivantes.
... « Jamais défense ne fut plus légitime et plus héroïque que celle
du peuple de Paris.
... « Lorsqu'après avoir menti jusqu'à la dernière heure, on a tout
à coup sonné la servitude; quand la conspiration de la bêtise et de
l'hypocrisie a soudainement éclaté ; quand une terreur de château

à la république. Il y a là de grandes choses à
faire ; mais ce peuple, bon, honnête, généreux,
cette jeunesse ardente, vouée au culte de ce qui
est élevé ont besoin de direction : vous parlez
bien, je n'écris pas mal; que penseriez-vous si
nous leur apportions les idées d'ensemble qui leur
manquent?

— « Monsieur le vicomte, c'est une bien grosse
affaire que vous me proposez là : c'est une autre
révolution, plus complète, plus imprévue que la
première. Avant de rien résoudre, je vous demande vingt-quatre heures de réflexion. »

L'illustre orateur réfléchit en effet, et refusa.
Devant l'expression de mes instants regrets, à
mes questions pressantes sur les motifs de son
refus, il répondait : « La question religieuse ne
me permettait pas d'accepter. » Ainsi le catholicisme lui parut l'obstacle infranchissable. Qui oserait dire, pour l'opinion républicaine, la portée du
concours de ces deux hommes, le nombre d'adhésions qu'ils auraient entraînées, les frayeurs
qu'ils auraient dissipées, l'alliance qu'ils auraient

organisée par des eunuques a cru pouvoir remplacer la terreur de la
République et le joug de fer de l'Empire, alors ce peuple s'est armé
de son intelligence et de son courage... Un siècle n'aurait pas autant
mûri les destinées d'un peuple que les trois derniers soleils qui viennent de briller sur la France.

... « Les conséquences de la révolution de juillet seront mémo-
rables. Cette révolution a prononcé un arrêt contre tous les trônes;
les rois ne pourront régner aujourd'hui que par la violence des
armes. »

maintenue entre le peuple et les classes supérieures? Quelle eût été la chance de formation d'une république à laquelle, avec le concours acquis d'Armand Carrel et de ses amis, Chateaubriand aurait rallié toute la portion jeune et généreuse de la noblesse, Lamennais cette immense fraction du bas clergé, ignorante et pauvre, mais enthousiaste et avide de sacrifices, tandis que Berryer aurait dissipé les préventions et les craintes de la bourgeoisie aisée? Quel eût été le sort de la démocratie dirigée par Chateaubriand, Carrel, Berryer et Lamennais? mais le catholicisme arrêta le mouvement du cœur et l'élan du génie.

Cette surexcitation des forces morales d'une nation ne pouvait se prolonger; l'habileté bourgeoise du nouveau roi ramena vite les esprits à leur ancien niveau : après ces radieuses journées de clairvoyance et d'intuition de l'avenir, la nuit revint.

IX

JUGEMENT DES MINISTRES. — ÉMEUTES.
LE CAFÉ DE PARIS.

J'étais de retour à Paris depuis deux mois quand, le 10 décembre 1830, la cour des pairs s'assembla pour juger les anciens ministres de Charles X. Quatre d'entre eux, MM. de Polignac, de Peyronnet, de Chantelauze, et de Guernon-Ranville, avaient été pris et conduits au donjon de Vincennes. Leur attitude était résignée ; celle du prince de Polignac, souriante en apparence, cachait des appréhensions assez motivées. Rien, en effet, n'était moins aisé que de sauver ces quatre existences, surtout la sienne : il était non-seulement le président du conseil ; mais, au su de tous, l'inspirateur du coup d'État, vivement combattu par MM. de Guernon-Ranville et de Peyronnet, qui n'avaient obéi en signant qu'à leur dévouement à la personne royale. Dans les rangs

4

populaires, le vent n'était plus à la clémence ; s'il avait semblé facile de pardonner aux soldats exécutant des ordres impitoyables, il était juste de se montrer sévère envers ceux qui les avaient donnés. Des milliers de citoyens étaient morts en s'opposant à la violation des lois ; les parents, les orphelins et les veuves, le gros de la nation, une partie de la gauche à la Chambre des députés demandaient une satisfaction rigoureuse de la vindicte publique. Sans doute, le roi, exagérant son horreur naturelle de l'échafaud, redoutait ces exécutions comme un aliment à l'ardeur révolutionnaire et une intimidation des agents responsables du pouvoir ; mais il ne voulait pas exercer le droit de grâce au risque de sa popularité ; il attendait de la pairie une atténuation de la peine capitale.

Parmi les légitimistes, les uns avaient été opposés aux ordonnances, les autres, en les approuvant, gardaient au président du conseil une rancune amère de ses mesures mal prises et de leur insuccès ; d'autres enfin, se fondant sur les principes de la charte, de l'inviolabilité royale et de la responsabilité des ministres, acceptaient la condamnation de ces derniers comme une protestation victorieuse contre la déchéance de la branche aînée. Telle fut la pensée du comte de Peyronnet, qui proposa à ses co-accusés de ne pas prendre d'avocat, et de présenter, seul, en

leur nom, la commune défense, dans laquelle,
sans décliner la responsabilité de leurs actes, il se
serait attaché à préserver le trône. Son offre fut
d'abord accueillie de tous, même de celui qui
risquait le plus en acceptant. M. de Peyronnet se
mit à l'œuvre, mais peu de jours après, il ren-
contrait à la porte de sa cellule M. de Martignac,
qui se rendait chez le prince de Polignac, en
qualité de défenseur. L'engagement chevaleresque ainsi oublié, chacun reprit son indépendance.

Le chef du cabinet de 1828 prêta généreusement le secours de son talent à celui à qui il
devait sa chute; un jeune avocat de Lyon,
M. Sauzet, parla pour M. de Chantelauze;
MM. Hennequin et Crémieux pour le comte de
Peyronnet et de Guernon-Ranville. M. de Martignac fut ingénieux et touchant; M. Sauzet,
plaidant hardiment la nécessité du coup d'État,
conquit une réputation d'éloquence supérieure à
son mérite; le comte de Peyronnet émut par la
noble modération de son langage.

A cause de mon âge, j'assistais aux débats avec
les fils de pairs. L'émeute grondait autour du
Luxembourg, dont la garde nationale protégeait
les abords. Pour la première fois depuis les journées de juillet, le peuple et la milice citoyenne,
séparés, se trouvaient en présence; toutefois, la
garde nationale elle-même était divisée d'opinions.

Le 19 décembre, une porte de la cour du palais ayant été ouverte, pour laisser passer une voiture de l'imprimerie royale, une masse de peuple fit irruption; en un instant tout fut envahi : les troupes qui gardaient l'intérieur parvinrent avec beaucoup de peine à faire évacuer la place. En entendant sous les fenêtres les clameurs de la foule, un effroi général saisit les juges; le baron Pasquier se couvrit, et, malgré les assurances du lieutenant-colonel Lavocat, leva précipitamment la séance. On sait comment une escorte conduite par le ministre de l'intérieur comte de Montalivet et le lieutenant-colonel Lavocat ramena, de nuit, au galop, les ex-ministres à Vincennes, et comment le 21, à dix heures du soir, en leur absence, le président Pasquier lut l'arrêt devant les siéges à peu près vides.

La chambre des pairs n'était pas le seul point de Paris en proie à l'agitation; presque chaque soir il y avait émeute à la porte Saint-Denis, mais au lieu des menaces de mort, de l'expression sinistre des visages altérés de vengeance, on n'entendait que clameurs confuses, cris de Vive la république! vive Napoléon II ! mêlés de plaisanteries grossières et d'appels à l'insurrection. Des orateurs improvisés montaient sur les bornes et haranguaient la foule; on allait à l'émeute comme au théâtre, par forme de divertissement; de temps à autre la représentation était interrom-

pue par une charge de cavalerie qui culbutait les
moins agiles, sans faire usage de ses armes.

Partout les lieux publics offraient le même mélange d'opinions opposées. Au Café de Paris où
je dînais souvent, la table des journalistes était
présidée par l'heureux docteur Véron, le *nouveau
directeur de l'Opéra*. Il avait l'égoïsme bon, l'esprit plein de finesse, d'invention et de ressources;
administrateur habile, inaccessible par système
aux séductions du sérail qu'il savait gouverner,
dépensant à propos, attirant à ses fêtes l'élite des
hommes de loisir, il paraissait riche avant de
l'être : il était né parvenu.

A côté de lui, Nestor Roqueplan, rédacteur en
chef du *Figaro*, un des signataires de la protestation de la presse, décoré de Juillet et de la
Légion d'honneur, soufflant alors la propagande
et la guerre, aussi républicain qu'on pouvait l'être
au Café de Paris.

Alfred Dufougerais, directeur de *la Mode*, journal de la duchesse de Berry, écrivain et avocat,
mais surtout remarquable par son air martial,
son ton sec et dur, sa verve intarissable et l'originalité de ses saillies.

Lautour-Mezeray, créateur d'une feuille et
d'une société d'horticulture, fin Normand, dévoué
à ses amis, plus comique que spirituel.

Étienne Becquet, le plus aimable, le plus
instruit, le plus intelligent des habitués de l'ivresse,

jugement droit et inflexible, le prédécesseur de
Jules Janin au feuilleton des *Débats*.

Malitourne, rival de Becquet pour l'esprit et la
mémoire, sachant moins les livres, mieux les
hommes, caractère trop inférieur à ses facultés,
un caustique poltron, mais dont les mots ne s'ef-
façaient pas.

Mazères. moins amusant que ses comédies.

Enfin, Valdes, le bel Espagnol, réfugié de je
ne sais quel parti.

A d'autres tables :

De Septeuil, encore beau malgré ses cinquante
ans et sa jambe de bois, noble, simple, bienveillant, généreux comme un grand seigneur, un
des rares héros de roman que j'aie connus.

Alfred de Belmont, qui aurait été la fleur du
faubourg Saint-Germain, s'il n'avait préféré la
vie hors du monde, excessif en tout, jetant par
la fenêtre les dons les plus précieux.

Fraser, personnage mystérieux, légendaire,
parent de lord Aberdeen et de don Miguel, élevé
avec le prince Félix Schwartzemberg, ex-major
de la garde impériale russe, parlant également
bien toutes les langues, âge problématique, nationalité incertaine.

Puis des officiers royalistes : Du Hallay Coët-
quen, capitaine démissionnaire des grenadiers à
cheval de la garde, bon camarade : d'abord vain

et cruel comme un enfant, à l'époque de la fureur des duels; il s'était donné beaucoup de mal pour conquérir une réputation de férocité ; plus tard, collaborateur de Châteauvillars pour le *Code du duel*, il se constitua en arbitre du point d'honneur, et fut accepté comme tel.

Le commandant de Bougainville et son imperturbable sang-froid.

Le capitaine d'Épinay et sa gaieté violente, sa nature passionnée.

Charles de Saint-Vallier, brillant officier dont la démission fut un réel sacrifice.

De Barral, encore un capitaine, simple et grand, qui à des qualités de premier ordre ajoutait le charme d'ignorer sa valeur. Après avoir quitté le service pour la vie de plaisir, rentré dans l'armée d'Afrique en 1836, dix ans plus tard il mourait général sur le champ de bataille.

De Valette, surnommé *Satin*, l'homme qui conférait le plus avec son tailleur.

Avec moi deux anciens pages, Louis de Montbrun et Guy de la Tour du Pin; les plus jeunes fermaient la marche.

Puis un demi-pékin, de Saint-Saens, brave hercule, grossier et chevaleresque, toujours en colère d'avoir été empêché de suivre sa vocation militaire.

Enfin, des bourgeois égrenant doucement leur avoir, comme Charles de Chaveau, Alfred Gohin, ou d'autres dévorant à belles dents ce qu'ils n'avaient pas.

X

J'habitais alors un petit hôtel de la rue Saint-
Lazare, avec Achille Bouchet, dont M. Amédée
Jaubert, l'orientaliste, avait épousé la sœur, et
qui, trente ans plus tard, devint mon beau-frère.
Beau, bien fait, quoique disposé à l'embonpoint,
sa force herculéenne, la supériorité de son âge,
son courage, son aplomb, sa gaieté bruyante, en
avaient fait, dès mon enfance, l'objet de mes
sympathies et de mon admiration. Il mérite une
place à part à cause de l'influence qu'il a exercée
sur la première partie de ma vie, et aussi parce
qu'il fut un de ces types parisiens capables de
faire comprendre le *libéralisme napoléonien* d'une
partie de la jeunesse sous la Restauration. Né

en 1798, par son père, honnête et riche banquier, Achille appartenait à la bourgeoisie. Sa turbulence, son ignorance du danger, avaient forcé de bonne heure à le mettre en pension. Il s'en échappait souvent : un passage de troupe, une revue, un exercice à feu, l'attiraient invinciblement; en musique, il n'était sensible qu'au roulement du tambour ; ses professeurs étant de simples *pékins*, il se battait avec eux sans scrupule, mais il aurait plié devant les galons d'un simple caporal.

A treize ans, il avait des aventures galantes. Après avoir roué de coups son chef d'institution, il fut renvoyé; on parvint à lui faire achever ses classes comme externe au lycée. Malgré ses supplications, en 1814 et 15, sur le refus absolu de ses parents, il avait dû renoncer à la carrière militaire; il s'en était consolé en se faisant assommer, un an plus tard, par les gardes du corps, aux représentations du *Germanicus* de M. Arnault, un des académiciens proscrits par Louis XVIII. Entré commis chez M. Ternaux, il n'avait pas tardé à confondre dans un même culte Napoléon, l'indépendance nationale, deux fois mise en danger par l'incurable ambition du grand capitaine, et les libertés retrouvées avec la Charte. Sans doute, Manuel, Benjamin-Constant lui semblaient de fameux orateurs, mais l'homme sur qui se concentrait l'enthousiasme de sa génération, parce qu'il réunissait les caractères contradictoires de sa religion politique, c'était le général de l'Empire, le défenseur de la patrie et de la Charte, l'illustre général Foy. Pourtant, en 1830, il n'avait pu s'empêcher d'aller à Toulon assister à l'embarquement de notre armée pour Alger ; la conquête l'avait ému d'admiration, et il surveillait, à sa manufacture d'Aubusson, l'exécution de deux magnifiques tapis commandés par la duchesse de Berri, quand éclata la révolution de Juillet. Indigné à la nouvelle des ordonnances, il ne put néanmoins croire à la résistance, encore moins à la victoire d'un peuple sans armes et sans discipline contre les régiments de la garde royale, commandés par un maréchal de France. Le 28, entendant le canon de sa campagne de Meudon, il vint à cheval à Paris, poussé par la curiosité ; à peine entré dans la ville insurgée, un de ses amis, libéral ardent, le rencontre, l'adjure de prendre part à la lutte ; il se moque, s'impatiente, se querelle avec lui ; mais il n'avait pas passé deux heures dans la fournaise qu'on le retrouvait en uniforme de garde national, à la tête d'une bande nombreuse, faisant le coup de feu contre la troupe, et ne s'arrêtant que *vainqueur de Juillet*. La Restauration et la volonté de son père avaient fait de lui un industriel ; à trente-deux ans, il ne pouvait plus songer à entrer dans l'armée : doublement dé-

coré pour sa bravoure de la croix des combattants et de celle de la Légion d'honneur, il se résigna à ne servir que dans l'état-major de la
garde nationale, et se voua au maintien de l'ordre
sous le commandement d'un vétéran de l'Empire,
le maréchal comte de Lobau.

Tel était l'homme qui, lorsque j'étais encore
aux pages, m'avait lancé dans le monde brillant
du plaisir et de l'oisiveté; m'avait fait admettre
bien jeune à la salle d'armes de lord Seymour et
parmi les habitués du Café de Paris. La part qu'il
avait prise à la lutte héroïque de notre révolution
avait porté à son apogée mon admiration pour
lui. Depuis elle commença à décroître : le contraste entre l'évaporation graduelle de son libéralisme, son goût de l'autorité, sa passion violente de l'ordre et mes aspirations républicaines
produisit un premier désenchantement. Rien de
plus triste que de voir s'évanouir le fantôme du
héros qu'on a rêvé : je le trouvais sec, égoïste,
amoindri. Il me traitait de niais et de dupe; tandis que je m'attelais à la propagande et désirais
la guerre, que je souscrivais aux bureaux du
National pour la défense du territoire, et qu'un
des rédacteurs, Raulin, me présentait à Armand
Carrel, lui s'attachait de plus en plus au roi. Certainement ce n'était pas l'Empereur, mais, après
tout, Louis-Philippe était le prince de la bourgeoisie; doué du bon sens pratique, habile, cou-

rageux, il comprimait avec résolution la guerre à
l'intérieur, et assurait au dehors, en cédant à
propos, la paix, mère féconde du commerce et
de l'industrie. L'insurrection polonaise, si chère
à nos cœurs, si utile à nos intérêts, en me pas-
sionnant comme la plupart des Français, vint
aigrir nos dissentiments. Les qualités d'Achille,
son courage, sa générosité, son esprit même,
étaient physiques, indépendantes de sa réflexion
et de sa volonté, elles tenaient à son tempéra-
ment; il était bon, mais bon par les yeux; il sou-
lageait, à tout prix, la souffrance dont il était
témoin; par contre, le mal qu'il ne voyait pas
n'existait pas pour lui : pour exciter sa pitié en
faveur des victimes, son indignation contre les
oppresseurs, la Pologne était trop loin. Aussi,
quand Louis-Philippe, sauvé de la coalition des
souverains absolus par le soulèvement des Polonais, leur refusa tout secours armé, il applaudit
à sa prudence; il fut frappé, comme de la vérité
d'un axiome, des paroles si fausses de M. Dupin :
« *Chacun chez soi, chacun pour soi;* » il trouva
des circonstances atténuantes à l'odieuse phrase
du maréchal Sébastiani : « L'ordre règne à Varsovie. »

De mon côté, je souscrivais, j'interrompais
mes plaisirs pour me rendre à des conciliabules.
La foi qui n'agit point ne m'a jamais paru sincère;
donc, mettant d'accord mes actes avec mes senti-

ments, quand Paris tout entier était en émoi par
la nouvelle de la prise de Varsovie, le 16 septembre, vers 8 heures du soir, je résolus d'aller
avec Raulin au *National*. La réalisation de mon
projet n'était pas sans difficulté : déjà la destruction des réverbères produisait une obscurité
profonde; sur notre passage, on forçait une boutique d'armurier. « Si nous voulons arriver, me
dit Raulin, il faut éviter nos amis politiques. »
Faisant un détour, nous prenons la rue du Fau-
bourg-Montmartre, elle était sombre et déserte;
bientôt nous entendons les pas d'un bataillon de
gardes nationaux. Pensant que notre mise et
l'absence de tout arme ne permettraient pas de
nous confondre avec les hommes engagés dans la
lutte, nous continuons de marcher à sa rencontre;
mal nous en prit : en un instant nous recevons
chacun un coup de baïonnette, qui, heureusement,
ne déchire que nos habits. Tournant le dos au
danger, nous nous jetons précipitamment dans
la rue de Provence : on nous poursuit, nous
doublons de vitesse; Raulin, grand et gros,
soufflait à mes côtés; enfin, ennuyé de fuir, je
fais volte-face : il était temps, l'épée d'un officier me touchait presque. Dans cette extrémité,
je veux frapper de ma canne la tête de l'ennemi,
mais lui, plus prompt, me saisit le bras; je me
jugeais perdu : à mon grand étonnement, il s'é-
crie : « Va, mon ami, je croyais que c'était un

sabre, » et il rejoint sa colonne au plus vite.

Après cette alerte, nous parvînmes au bureaux du journal, une grande effervescence y régnait, la salle de la rédaction était encombrée de visiteurs de toute espèce, et de volontaires qui attendaient le mot d'ordre pour prendre part à l'action. Dans une pièce, au fond, Armand Carrel avec Godefroy Cavaignac, Guinard, Thomas, Bastide, etc., délibéraient. Plusieurs heures se passèrent ainsi dans une fiévreuse impatience. Lassés de ne recevoir aucune communication, les moins zélés s'écoulèrent peu à peu ; Raulin lui-même était parti. A minuit, il ne restait plus dans la salle que M. Charles Ledru, jeune avocat, et moi.

Carrel rentra seul, les autres membres du comité s'étaient retirés ; il avait l'air mécontent, irrité, le langage ironique, l'expression hautaine. Nous nous exercions, M. Ledru et moi, à sauter à pieds joints, il prit part à nos jeux et la conspiration se termina par une partie de saute-mouton.

La cause polonaise m'avait inspiré pour la première fois le désir d'attaquer le gouvernement les armes à la main ; mon désappointement fut extrême au spectacle de cette insurrection avortée. Carrel se rendait rue des Martyrs, je fis route avec lui, et chacune des paroles de cet illustre chef du parti républicain tomba comme

une pluie de glace sur mes illusions. « Que
venez-vous faire parmi nous? » me dit-il. « Ce
n'est pas votre place; vous partagez l'opinion
républicaine, vous ne connaissez pas le parti :
des fous! des brouillons! des envieux! des im-
puissants! Que de temps il faudra avant que le
pays soit mûr pour la république! » Je m'arrête;
sûr de l'exactitude de ces premières paroles, et
du sens général de ses conseils, il ne me convient
pas, à trente-six ans de distance, de refaire une
conversation dans laquelle il épanchait en reproches injustes son amertume et son dégoût de
l'heure présente : il n'est pas de nature, si forte-
ment trempée qu'elle soit, à l'abri d'un instant
de défaillance. Aussi, je ne rappelle cet entretien
que parce qu'il eut une influence déterminante
sur ma destinée.

XI

Tantôt attiré par les instincts de justice et
d'humanité vers les orages de la vie politique,
tantôt entraîné dans le courant des jouissances,
jusque-là, j'avais hésité ; de ce jour, le plaisir
l'emporta. J'explique, je ne justifie pas. Mon histoire est, à part de rares exceptions, celle de la
partie aisée de ma génération : combien tombè-
rent de leur enthousiasme, de leur dévouement à
la chose publique !

Beaucoup d'officiers royalistes par tradition,
qui avaient différé de donner leur démission, afin
de prendre leur part de gloire et de danger dans
la guerre imminente contre l'Europe coalisée,
voyant leur espoir déçu, quittèrent le service.
Dès lors, cette ardeur sans but, cette séve qui,

répandue au dehors, devait amener la délivrance
des peuples, refoulée à l'interieur, fermenta.

Quelques-uns parmi nos aînés, déjà faits à la
vie politique, ennemis d'un roi obstacle à l'expansion de leurs principes, s'offraient pour chefs
aux ouvriers mécontents et irrités, s'insurgeaient,
conspiraient, et, républicains, ne voyaient dans
la misère qu'une provocation continue à la révolte, le terrible recruteur des soulèvements
populaires; ou bien, pénétrant plus avant, ils
scrutaient la misère elle-même, en étudiaient les
causes, en cherchaient les remèdes, et devenaient socialistes. Tous les autres, descendus des
hauteurs du sentiment collectif, se ruaient d'un
irrésistible élan vers les jouissances, et cherchaient l'apaisement de leurs aspirations généreuses dans un amour effréné du plaisir.

Un contingent de réfugiés appartenant aux
aristocraties italienne, polonaise et espagnole,
vint encore grossir les rangs de cette jeunesse
détournée de ses voies.

On était pressé de vivre, insouciant de la ruine
et de la mort. Poëtes, compositeurs, artistes,
venaient comme à l'envi en aide à nos penchants :
toute une littérature à notre image, amusante et
passionnée, tantôt chassant les heures devant
elle, comme la fumée du cigare, tantôt, comme
les spiritueux, embrasant l'imagination. Au lieu
des grands lyriques de la Restauration, Victor

Hugo et Lamartine, l'Allemand-Français Henri
Heine, souverain génie des contrastes, nous ver-
sait à volonté de sa bouteille magique le sensua-
lisme, l'ironie, le sentiment; Alfred de Musset
chantait l'amour, George Sand poétisait l'adul-
tère ; poursuivant infatigable de la fortune et du
luxe, Balsac les analysait, les supputait, inventait
dans ses romans les spéculations infaillibles, les
associations criminelles pour se les procurer; des
improvisateurs tels qu'Alexandre Dumas, Eugène
Sue, présentaient à cette jeunesse en train de
s'appauvrir des legendes dorées, des héros d'une
richesse infinie : le prince *Rodolphe*, *Monte
Cristo ;* Hoffmann, naturalisé par Loeve-Vey-
mar, mêlait si habilement le fantastique à la vie
ordinaire qu'il le rendait plus vrai que la réalité.
Au théâtre les nonnes bacchantes de *Robert-le-
Diable*, *Mergy*, *Valentine* et leurs brûlantes
amours; le libertin incessamment vainqueur, qui
de *Don Juan* à *Richelieu*, *Lauzun*, *Létorières*,
Gentil-Bernard, *Faublas*, ne trouve pas de
cruelles ; la résurrection des grandes courtisanes :
Marion Delorme, *Lucrèce Borgia*, *Marguerite de
Bourgogne*, ou d'amères protestations contre la
société : *Chatterton*, *Angèle*, *Antony*, *Ruy-Blas*,
des princes à cœur de laquais, un laquais digne
d'être roi. Une musique enchanteresse : Rossini
provoquait le rire et les larmes, Meyerbeer sub-
juguait, Bellini attendrissait, Auber, Donizetti,

Hérold créaient sans relâche. Et quels interprètes ! Aux Italiens, Pasta et Malibran, Lablache
et Rubini ; à l'Opéra, Nourrit, Falcon, Levas-
seur et Dupré, Taglioni, les Essler ; aux Français, Mars et Rachel, Madame Allan ; puis sur
d'autres scènes, Déjazet, Brohan, Arnal, Bouffé,
Madame Dorval, Bocage, enfin Frédérick Le-
maître.

En dehors de la littérature et des arts, le
monde économique et industriel, et, au-dessus,
écrivains et orateurs politiques, esprits élevés,
penseurs austères, nageaient en pleine utopie.
A la suite de Saint-Simon, Olinde Rodrigues,
Bazard, Enfantin, MM. Michel Chevalier, Pé-
reire, etc., se vouaient à la fondation d'une religion et d'une sociéte saint-simonienne ; à l'exemple
de Chateaubriand, La Mennais, Lacordaire, Montalembert, Gerbet, croyaient avoir découvert le
grand-œuvre par la transmutation du catholicisme en liberté, et en publiaient généreusement
dans l'*Avenir* la formule (1).

---

(1) Voir à l'appui la belle lettre de l'abbé de La Mennais au comte
de Kératry, mon ancien collègue à la chambre des pairs :

Juilly, 13 décembre 1830.

« Je suis, cher Monsieur, je ne vous le cacherai point, très-contra-
rié de la publicité qu'on vient de donner à la lettre que j'avais écrite
au P. Ventura, parce qu'elle lui appartenait autant qu'à moi, et devait dès lors n'être connue qu'avec sa permission. Je crains d'ailleurs
qu'elle ne produise pas le bon effet qu'on en attend. Il faut parler à

Plus tard, j'aurai à raconter le lendemain de toutes ces ivresses, mais alors on avait le choix entre tant d'illusions! Découragé de la politique, étranger à l'économie sociale et à l'industrie, je lisais avec avidité, dans le *Globe,* la satire de nos institutions et de nos mœurs. Je retrouve dans mes papiers deux invitations aux soirées saint-simoniennes de la rue Monsigny, de la part du *Père suprême!* Je m'y rendis en effet, mais le ton providentiel, presque dévot des orateurs, le tableau paradisiaque du monde régénéré, la mise bizarre des hommes, l'absence de beauté chez beaucoup de femmes, me laissèrent froid; mon anthipathie pour le mysticisme, ma sensibilité au ridicule,

chacun son langage, et ma lettre contient quelques expressions qui choqueront beaucoup d'amours-propres. On ne saurait avoir trop de ménagements pour certains esprits, afin de ne pas arrêter le mouvement qui ramène, et plus vite que je ne l'espérais, les catholiques aux principes de liberté. Je vois dans cette tendance, aujourd'hui si marquée, le gage de l'union prochaine des Français et qui fera d'eux le plus heureux peuple de la terre, comme ils en sont déjà le plus grand. Oh! le beau jour, Monsieur, que celui où nous nous embrasserons tous dans la liberté! Mais il faut qu'on ait le courage et la sagesse de la vouloir sincèrement et sans exceptions, de la vouloir égale pour tous, entière pour tous. Je dirais volontiers à ceux qui semblent ne pouvoir détacher leurs yeux des misères du passé, et que cette vue remplit d'aigreur et de défiance : Regardez devant vous; l'avenir est si beau, que, quand vous l'aurez seulement entrevu, vous ne pourrez plus regarder aucre chose. Je vous ouvre, Monsieur, mon cœur tout entier, et c'est assez vous dire avec quelle profonde estime et quelle haute considération, j'ai l'honneur d'être votre très-humble et obéissant serviteur.

                                        « F. DE LA MENNAIS. »

combattirent mon inclination pour certaines idées grandes et justes de la doctrine. La conviction de notre inaptitude à découvrir les causes premières et finales, mon incrédulité à l'endroit d'une révélation, m'éloignaient également des généreuses chimères soutenues dans l'*Avenir*. Je me contentai de la vie commune aux oisifs de ma génération, ne me distinguant que par une ardeur excessive, et une recherche ingénieuse dans le choix de mes compagnons.

La chambre des pairs, déjà mutilée par la suppression de ses membres nommés sous Charles X, doublement impopulaire, et par les souvenirs de la condamnation du maréchal Ney, et par sa récente indulgence envers les derniers ministres de la royauté de droit divin, attaquée par l'opposition, abandonnée par Louis-Philippe, perdit, en décembre 1831, le privilége de l'hérédité. Ainsi se trouva supprimée l'indépendance d'un des trois pouvoirs nécessaires au fonctionnement normal de la monarchie constitutionnelle. A la suite de la promulgation de cette loi, treize pairs de France donnèrent leur démission; parmi eux le duc de Feltre, mon cousin, et le duc de Fitz-James, qui se porta candidat à la députation et fut nommé quelque temps après.

Je reviendrai plus tard sur la lourde part de responsabilité qui incombe à Louis-Philippe dans l'abolition de l'hérédité. Je portai alors légèrement cette perte, dont je ne compris la gravité qu'à l'époque où, rentrant dans la carrière que ma naissance m'avait tracée, j'étudiai sérieusement notre constitution.

XII

BARON DE ROSEMBERG. — PRINCE ET PRINCESSE
BELGIOJOSO. — LE MAJOR FRASER

J'ai déjà exprimé au commencement de ces
Mémoires les raisons pour lesquelles je croyais
ne devoir toucher qu'avec réserve à ma vie privée : à l'abri derrière l'épais rempart de la morale mondaine, des idées reçues et des fictions
sociales, les hommes se défendent contre la
verité ; combien dans le secret de leur pensée
sont capables de la considérer en face ? Moins
encore ont le courage de la dire, et nul n'oserait
l'écrire autrement que défigurée sous la pompe
des ornements et des artifices du style. Il est
d'ailleurs difficile d'être sincère sur soi, sans
l'être aussi sur les autres, et, hors de la vie
politique, c'est un droit que je ne me reconnais
pas ; par ces motifs je parcourrai rapidement cette
période de mon existence.

Au printemps de 1831, on me remit la carte. du baron de Rosemberg, qui venait passer quelques mois à Paris. Il avait loué, boulevard Montmartre, le premier de l'hôtel Montmorency; c'était toujours même luxe, même jeu et même dépense ; un domestique nombreux, des chevaux, tout ce qui peut attirer l'attention ; une jeune ourse se promenait sur son balcon, une cantatrice célèbre le favorisait de ses visites ; enfin , plusieurs Anglais et Allemands portant des noms connus prenaient place à sa table. Je me hâtai d'aller voir celui qui m'avait si bien accueilli à Florence, et dont, malgré l'issue fatale de son duel avec Romanovitch, notre chargé d'affaires m'avait garanti la respectabilité. Je touchais à ma majorité, et autant que le permettait ma médiocre fortune, je m'efforçais de lui rendre ses politesses. Un jour qu'il m'avait fait dîner avec quelques-uns de ces étrangers, au dessert, l'un d'eux nous proposa une poule de cinq louis, le gagnant devait être celui qui approcherait le plus du nombre des noisettes contenues dans une assiette de mendiants. Je ne jouais pas, mais j'aurais cru manquer de bon goût en me singularisant par un refus : après des épreuves répétées, quand on se leva de table, je perdais une centaine de louis. Au salon on nous offrit sous le nom de *cardinal* le mélange de plusieurs vins avec un ananas ; un ou deux verres de cette boisson tra-

tresse suffirent à troubler ma raison. Rosemberg, plus désolé de ma perte, en apparence,
que je ne l'étais moi-même, me prit à part,
jurant qu'il ne souffrirait pas que je fusse ainsi
dévalisé chez lui, et qu'il fallait me rattraper en
me mettant de moitié dans son jeu. J'y consentis,
mais la déveine ne cessa pas de le poursuivre;
il voulut que je tinsse les cartes à mon tour, je
connaissais à peine la marche du jeu ; on fit venir des dés, nous n'eûmes pas meilleure chance.
A la fin de la nuit ce pauvre Rosemberg devait
sur parole une somme énorme, et l'on me trouvait heureux d'en être quitte pour trente-six mille
francs.

Le lendemain en m'éveillant, de sang-froid,
repassant avec lucidité les événements de la soi-
rée, j'arrivai à la triste conclusion que mon excellent ami pouvait bien n'être qu'un *Black leg* de
haute volée et les autres convives ses complices.
Ce rôle de dupe me semblait intolérable. Brûlant
de me venger, je consultai cependant l'expérience
d'Achille Bouchet. Après avoir entendu le récit
de ma mésaventure :

— « Il faut payer, » me dit-il, « et te taire;
rien de pire pour un jeune homme à son entrée
dans le monde que de débuter par une querelle de
jeu. »

Je suivis son excellent conseil.

Un soir j'allai porter à Rosemberg les trente-six mille francs ; on jouait au whist, et, parmi les victimes, je vis le marquis Félix de Lavalette et le comte Léon, un des hommes qui ressemblent le plus à Napoléon Ier. Ce dernier, moins résigné, après une grosse perte, provoqua le principal gagnant, un ancien aide de camp de Wellington, et le tua. Rosemberg ayant voulu venger la mort du capitaine***, le murmure de l'opinion indignée le força de quitter Paris.

Telle a été ma première leçon, et la première brèche au capital économisé avec tant de zèle et de soin par le meilleur des tuteurs.

Je noterai maintenant mes relations avec quelques hommes intéressants, morts pour la plupart.

C'est à la salle d'armes de lord Seymour que je fis connaissance du prince Belgiojoso (*beau et joyeux*), nom difficile à remplir, et qui pourtant n'a jamais été mieux porté. Bientôt je me liai étroitement avec lui. Un jour il me présenta à sa femme, qui habitait un appartement dans la même maison, place de la Madeleine. J'ai eu cette chance heureuse de devenir et de rester l'ami de l'un et de l'autre. Comment ces deux natures si contraires s'étaient unies, puis séparées, et comment à Paris ils s'étaient rapprochés, c'est ce que je vais essayer de raconter.

A Milan, le nombre des familles riches est considérable, l'hospitalité y est aimable et facile ;

à ces mérites l'aristocratie joint le privilége de la beauté. J'ai dejà dit quelques mots de la réputation de séduisante perversité qui, de bonne heure, s'était attachée au nom d'Émilio Belgiojoso. D'une taille élevée, les cheveux blonds et bouclés, les traits réguliers, les yeux caressants, la physionomie riante et sympathique, son absence de vanité contribuait sans doute à lui permettre de plaire aux femmes sans exciter l'envie des hommes, et comme si ce n'était pas assez de tous ces avantages du nom, de la figure et du caractère, le sort prodigue lui avait donné une voix enchanteresse; enfant, au milieu des siens, il vivait dans une atmosphère musicale, Rossini avait été son maître, à vingt-cinq ans il était un virtuose accompli. Toutes ces qualités, asservies à une intempérance Byronienne, à un désir insatiable de volupté : il avait compris la vie comme une succession de jouissances, et les poussait à l'extrême. Formé pour séduire, il poursuivait sa carrière sans scrupule et sans remords. Autour de lui, une bande de gais compagnons imitateurs de ses vices, d'artistes, de musiciens, *madamine*, *ballerine*, de femmes affranchies, tout un monde étranger à la vertu. Sa santé défiait les excès, mais il n'en allait pas de même de sa fortune ; l'héritage paternel courait risque d'être entamé, quand la facilité d'un mariage, tel qu'en rêve une mère pour son fils adoré, vint troubler le courant de ses plaisirs. Rien de plus imprévu ; une demoiselle en sa fleur, d'une éducation sévère, dévote, instruite, mais curieuse et superbe, Christine, dernière descendante des Trivulce, celle qu'on appelait la *belle héritière*, dédaignant une foule de prétendants, se prit à désirer le seul qui ne songeât pas à elle. Les désordres du prince, répétés et grossis par mille échos complaisants, les représentations des parents, les périls d'un lien indissoluble entre une aspirante à la sainteté et un réprouvé n'eurent d'autre effet que de changer son désir en volonté : elle avait vu le monstre et mit son orgueil à le dompter.

Émilio ne tarda pas à savoir que, s'il se décidait à rompre ses habitudes, il ne tiendrait qu'à lui d'obtenir la main de Christine Trivulce. Les circonstances n'étaient pas favorables à sa conversion, car à tous ses caprices il joignait alors une préférence passionnée pour une dame d'un attrait singulier. Quel homme néanmoins n'aurait pas été tenté par l'offre d'une jeune fille belle et pure, d'une illustre maison, ayant pour piédestal un monceau d'or ? Le prince réfléchit, hésita, se rendit aux entrevues, admira, eut encore des irrésolutions, puis, engagé par ses démarches, trop galant homme pour reculer après avoir compromis, accepté comme fiancé, se jugeant fou de refuser le bonheur qui venait à lui, il se résigna à devenir mari.

La cérémonie terminée, dans l'intention sincère de répudier son passé, Emilio alla habiter avec la princesse un château solitaire. Pendant quatre mois, union parfaite de ces deux formes de la beauté, mais la fusion morale est lente, difficile ; l'association à vie peut devenir une heureuse combinaison des caractères ou le choc d'éléments opposés ; entre eux elle fut un combat.

Du côté de la jeune femme une âme exaltée, chercheuse, inassouvie, une intelligence avide de l'infini, un amour entier, dominateur.

Chez lui le sens droit, un esprit positif, observateur, ennemi de la métaphysique, insouciant de l'idéal, borné à la réalité ; Musset l'a fait parler dans ces vers :

> Quand la réalité ne serait qu'une image
> Et le contour léger des choses d'ici-bas,
> Me préserve le ciel d'en savoir davantage !

Son ardente sensualité couvrait un cœur endormi, la douceur de son caractère un besoin violent d'indépendance.

S'ils parlaient la même langue, chacun attachait aux mots un sens différent ; peu de goûts communs, des idées et des sentiments contradictoires.

Quand ils rentrèrent en ville, la saison d'hiver

était commencée ; les fêtes s'échangeaient ; à *la
Scala* les opéras de Rossini et-les ballets de
Vigano. Au milieu des invitations et des récep-
tions le tête-à-tête avait disparu. Elle se sentait
étourdie, inquiète, troublée ; elle éprouvait le ma-
laise d'une jalousie générale, indéterminée : son
mari lui échappait. Le prince, au contraire, n'a-
vait jamais été plus brillant, plus victorieux ; son
mariage semblait le couronnement de ses conquêtes : seulement l'ancien tentateur était exposé
maintenant lui-même aux tentations. Il retrouva
la dame qui, à l'époque des premières entrevues
avec sa future, lui inspirait encore une préférence
passionnée, et, peu habitué à la résistance, croyant
racheter sa faiblesse à force de précautions et
de mystères, il renoua. J'ai dit de la société mi-
lanaise tout le bien que j'en pense, je ne tairai
pas davantage ses défauts : les quatre ou cinq
cents personnes qui la composent se connaissent,
se voient, s'observent et se surveillent au besoin ;
il n'y a pas de ville où un secret soit plus difficile
à garder. Émilio avait dû blesser bien des rivaux..
Sous forme d'insinuation, de preuve de dévouement, ou peut-être d'avis anonyme, la princesse
fut avertie : elle voulut être convaincue. A plusieurs reprises, Émilio, courant à un rendez-vous,
avait remarqué, dans l'obscurité, qu'on le suivait : une nuit il change sa route, et attirant les
espions dans une rue déserte, fort et résolu, il

s'élance sur l'un d'eux, le terrasse et le contraint
à révéler le nom de celle qui l'employait.

Dès lors une explication devenait inévitable :
elle eut lieu. On se sépara noblement : chacun
reprenait son indépendance, sa fortune personnelle, et pour éviter les embarras de cette nouvelle situation, on convint d'avoir à l'avenir une
résidence différente. Par suite de ces arrangements, j'avais rencontré, vers la fin de 1829, la
princesse à Florence ; après notre révolution, elle
se fixa à Rome. Belgiojoso, resté à Milan, s'é-
tait livré de nouveau à la licence de sa vie de
garçon. Néanmoins, l'abaissement moral qu'une
pareille existence exerce à la longue sur les natures les plus élevés, ne l'avait pas atteint; en
lui la religion du patriotisme était entière ; il voulait affranchir l'Italie du joug étranger, et dans ce
but, le désœuvré, le corrompu, le débauché était
prêt à sacrifier sa liberté, sa fortune et sa vie.
Glorieuse époque où, sur un signe du chef de la
Jeune-Italie, d'un bout à l'autre de la Péninsule,
la portion intelligente, lettrée, aristocratique,
exécutait une prise d'armes ; où le fermier aban-
donnait son champ, l'avocat ses dossiers, le grand
seigneur ses plus douces habitudes pour se lan-
cer dans des conspirations téméraires, toujours
comprimées, où le *carcere duro* engloutissait ses
victimes, où le sang coulait, inutilement versé en
apparence, mais seulement en apparence, car

tous ces sacrifices, toutes ces douleurs sont nécessaires pendant la gestation qui précède la renaissance d'un peuple.

Depuis l'emprisonnement du comte Gonfalo-
nieri, Émilio l'avait remplacé à la tête des associations secrètes en Lombardie ; après avoir été
un des agents actifs du mouvement de 1831, sur
un avis certain qu'il allait être arrêté, il avait
quitté sa campagne, le fusil sur l'épaule, comme
pour une partie de chasse, et s'était réfugié à
Lugano. De là il vint à Paris. Un de ses frères,
le comte Luigi Belgiojoso, nommé administrateur
de ses biens sequestrés, trouva moyen d'écono-
miser sur ses revenus et de lui faire parvenir
chaque année une douzaine de mille francs.

Avec autant d'ardeur et de dévouement que
les hommes, les femmes concouraient à l'œuvre
de résurrection. Entre Christine Belgiojoso et son
mari, dissentiment général, hormis sur un point :
l'affranchissement de la patrie ; là, en dépit de
tout, il y avait accord, et la politique, chez nous
source féconde de désunion, donnait un même
but à leurs efforts séparés. Elle devait leur faire
partager aussi les mêmes dangers. Compromise
à la suite de l'insurrection romagnole, Christine
était partie de Rome à la hâte, et, comme tous
les proscrits à cette époque, elle avait cherché un
asile en France. Jeune fille et mariée, elle n'avait
jamais eu la gestion de sa fortune, et, depuis sa

séparation, un intendant était toujours chargé de
la direction de sa maison et du maniement des
fonds ; aussi, dans son ignorance risible et touchante, quoiqu'elle eût emporté dans sa fuite une
collection de médailles et des bijoux pour une
somme considérable, la grande dame, ayant à
peine en numéraire l'argent du voyage, s'était
crue ruinée de la meilleure foi du monde. Arrivée
à Paris, elle loua au cinquième, un modeste appartement, se fit servir par une femme de ménage, et eut même pour un temps la prétention
de faire sa cuisine ; pour vivre elle hésitait entre
les leçons de musique et la ressource des portraits.

Le général Lafayette, malgré son grand âge,
MM. de Tracy, Mignet, Cousin montaient au réduit de la belle exilée ; l'excellent et spirituel vieillard raffolait de cette poétique personnification de
l'Italie opprimée. D'autres auraient désiré partager avec elle les soins du ménage, et Cousin, en
sa qualité de philosophe, se chargeait souvent
d'allumer les fourneaux. Étranges dînettes ! dont
le souvenir charmait plus tard ceux qui avaient
obtenu la faveur d'y être admis.

Ai-je besoin de le répéter, de la part de la
princesse cette imitation de la pauvreté était naïve
et sincère. Le bruit s'étant répandu de la gêne
où elle vivait, Émilio vola chez sa femme, lui offrit, avec une cordialité qui rendait le refus impossible, de partager ce qu'il possédait. La proposi-

tion acceptée, par un examen attentif de leur situation, il lui fut facile de se convaincre que celle qu'il venait secourir était plus riche que lui; mais il eut grand peine à détromper la princesse de son rêve d'indigence.

Après avoir courageusement lutté pour la bonne cause, tous deux se trouvaient sur la terre d'exil. La démarche d'Émilio était d'un cœur généreux; les anciens griefs firent place à l'amitié, et voilà comment, réconciliés, prince et princesse Belgiojoso louèrent deux appartements dans un hôtel de la place de la Madeleine, et vécurent d'abord fraternellement ensemble.

J'étais à cette première période de la jeunesse où, par un besoin d'expansion, les relations s'étendent, les connaissances se multiplient; on se dépense, on se donne, on se prodigue à l'aventure; la camaraderie s'établit entre les hommes d'une même génération, et de ce nombre infini d'intimités ébauchées sortent parfois les fortes et durables amitiés. J'ai dit de quelle inclination je m'étais senti porté vers le prince Belgiojoso; une sympathie réciproque non moins vive nous avait rapprochés avec le major Fraser. Aujourd'hui mes deux amis sont morts, mais ils vivent dans mon souvenir, et ceux que n'aura pas fatigués le précédent récit liront peut-être avec intérêt quelques détails biographiques sur un des types les plus singuliers du monde parisien.

Henri Erskine Fraser était d'origine écossaise
et catholique ; son bisaïeul, venu en France à la
suite de Jacques II, fut un des cinq ducs créés à
Saint-Germain par ce prince, mais ne crut pas
devoir porter son titre à cause de sa mince fortune. Son père, officier au service de France,
émigra en 1790, en Portugal, et y épousa une
demoiselle de noble famille alliée à don Miguel.
Fils aîné, Henri eut pour marraine, selon l'usage
du temps et du pays, la ville de Badajoz ; toutefois, je ne saurais donner la date précise de sa
naissance, qui flotte entre 1792 et 96. La seule
pièce que nous ayons trouvée à son décès est
l'extrait de baptême de son frère cadet Williams,
mort avant lui diplomate autrichien. Malgré une
carrière des plus honorables, et dont beaucoup
auraient tiré vanité, il avait à tel point le goût du
mystère qu'à personne il n'a dit son âge, et à
bien peu des détails sur sa famille et sa vie anté-
rieure. Un des charmes de sa conversation était
l'absence du *moi*, et même, après des années
d'intimité, quand il vous avait initié à des parti-
cularités toujours intéressantes de son existence,
on sentait qu'il tenait encore en réserve bien des
secrets. Doué d'une mémoire extraordinaire, bon
latiniste, parlant avec leur accent huit ou neuf
langues, possédant à fond l'histoire, et surtout
l'histoire militaire des cent dernières années, il
s'amusait souvent à continuer le rôle du comte de

Saint-Germain, et il nous a toujours été impossible de discerner s'il avait ou non réellement assisté à la bataille de Waterloo. Il portait la manie du mystère jusque sur sa personne; avec les cheveux d'un blond clair et ardent, il ne s'est jamais laissé voir à Paris que brun, les moustache et la barbe d'un noir d'ébène; il donnait pour raison de cette teinture que, dans le premier régiment russe où il avait servi, il était d'uniforme d'être brun, qu'il en avait pris l'habitude et ne se reconnaîtrait plus autrement. Puisque j'ai commencé, achevons le portrait: des traits réguliers, des yeux bleus d'une grande douceur, la peau du visage en cuir de Cordoue sillonnée de rides profondes; malgré un usage continuel du cigare et de la chique des dents dont la blancheur et la solidité rappelaient celles que découvrent les bâillements des bêtes féroces. De nobles cicatrices, une physionomie martiale et bienveillante; il était petit, robuste et bien pris. Sa mise, mélange bizarre du civil et du militaire, aurait prêté une apparence de pourfendeur d'estaminet à bien d'autres, mais sa distinction naturelle prévalait.

Orphelin à douze ans, il fut conduit à Vienne, confié aux soins du comte de Lepseltern son tuteur, qui était aussi celui du prince Félix de Schwarzemberg, et envoya ses deux pupilles faire leur apprentissage dans le corps des cadets à Saint-Pétersbourg: de là son intimité avec le

grand seigneur qui devint en 1848 en Autriche
le ministre intelligent, énergique, impitoyable de
la contre-révolution. Officier de fortune, c'est-à-
dire sans fortune (il n'avait en héritage qu'une
rente d'environ deux mille francs), il sentit l'impossibilité d'imiter la dépense de ses camarades,
appartenant à l'aristocratie terrienne, et ne joua
jamais. Cette économie de tant d'heures perdues
dans les émotions du jeu explique, autant que sa
mémoire, la somme de ses connaissances acquises

Après nombre d'années passées dans les régiments de ligne, il entra aux chevaliers-gardes. En
temps de paix, ces officiers privilégiés ne quittent
guère la capitale; ils font partie de la cour, sont
les danseurs habituels des bals de l'impératrice,
et assistent à la vie intime du souverain. Fraser
y avait puisé, non le goût, mais l'habitude du
grand monde, l'aisance des manières : nul n'avait
plus de réserve et moins de timidité.

L'art de conter lui était naturel : c'est de sa
bouche qu'il fallait entendre l'anecdote de sa mor-
sure par un chien enragé, et l'attente des quarante jours pendant lesquels il avait bu de l'eau
pour le reste de sa vie; sa traversée sur les gla-
çons de la Newa en dégel, la nuit, au retou rd'un
bal; la reprise de sa pelisse perdue dans un engagement contre les Circassiens, et sa poursuite
par une bande de loups troublés dans leur repas
funéraire sur le champ de bataille.

Je dirai pourtant l'influence funeste que *les Mé-ditations* de Lamartine eurent sur sa destinée. Peu de temps après son apparition, ce chef-d'œuvre faisait rage à la cour d'Alexandre, on s'en dispu-tait les rares exemplaires, on copiait des frag-ments, on les apprenait; les dames surtout en raffolaient; l'heureux possesseur d'un volume des *Méditations* tenait entre ses mains un moyen de succès. Depuis un certain temps déjà, Fraser aimait en secret une belle demoiselle d'honneur de l'Impératrice; il parvint à se procurer le précieux livre. Indulgente à l'officier en faveur du poëte, la jeune fille consentit à une lecture, tête à tête, la nuit, à sa fenêtre. La chambre était au second, mais Fraser n'hésita pas à grimper sur un arbre voisin dont les branches touchaient l'appui de la croisée; ainsi rapprochés sans pouvoir se joindre, l'été, par un magnifique clair de lune, le cœur aux lèvres, il lisait à longs intervalles de beaux passages exprimant ce qu'ils n'osaient encore dire, quand survint une troupe de jardiniers, avec leurs chiens, se rendant au travail. Les hommes passent sans rien voir, mais les animaux aboyent avec tant d'acharnement au pied de l'arbre qu'ils forcent leurs maîtres à lever les yeux; on crie : Au voleur ! La fenêtre se ferme, et Fraser arrêté, dénoncé, est enfin conduit devant le czar. La famille de la demoiselle était puissante et riche, le pauvre chevalier-garde eut beau protester de l'honnêteté de ses sentiments, la lecture de Lamartine ne parut pas une justification suffisante ; il fut envoyé à l'armée du Caucase et y resta trois ans.

Rentré depuis peu de temps dans la garde, à la mort d'Alexandre, lors de l'insurrection militaire étouffée par la suprême énergie et l'habileté de Nicolas, il remplit avec courage son devoir envers le nouvel empereur. Bien qu'il m'ait souvent raconté les épisodes émouvants de cette curieuse conspiration, et malgré sa qualité de témoin et d'acteur, je ne mentionnerai pas son récit : la vérité historique étant chose grave à mes yeux, je craindrais l'inexactitude de mes souvenirs.

Il était lié d'amitié avec un des chefs du complot et plusieurs officiers des plus compromis ; aussi son dévouement dans le combat ne l'exempta pas de quelques soupçons. Il fut incarcéré, minutieusement interrogé par Nicolas en personne ; mais, après avoir reconnu son innocence, l'empereur ne se contenta pas de lui rendre sa position, il y joignit sur sa cassette une pension de six mille francs, et le traita toujours par la suite avec bienveillance.

En 1827, le major Fraser obtint, avec un congé, d'être choisi comme porteur de dépêches au gouvernement espagnol ; il en profita pour aller en Portugal, auprès de sa famille. Ses

sœurs avaient grandi; un mariage était projeté
de loin entre l'une d'elles et un comte autrichien
résidant à Vienne. Le portrait de la jeune fille
devait être remis au futur et décider de la conclusion : Henri en fut chargé. Ici je dois convenir
que mon ami n'avait pour les beaux-arts qu'une
dédaigneuse indifférence : la musique ne le gênait
pas; quant à la peinture, elle lui semblait une
agréable- inutilité. Donc, étant parti à franc
étrier, comme il était venu, il ne fut pas long à
s'apercevoir de l'incommodité du portrait; il le
mit successivement devant et en croupe, à l'arçon
de sa selle et en bandoulière, et vers le dixième
relais, convaincu qu'il trouverait à le remplacer,
le lança dans un marécage; puis, ainsi soulagé,
il se rendit d'une traite à Paris. Là il se reposa
joyeusement.

A la fin de son congé, il se fit conduire au
Palais-Royal chez un peintre italien qui tenait
assortiment de portraits à des prix modérés, depuis 15 jusqu'à 60 fr. Un seul avait quelque air
de ressemblance avec sa sœur; il l'achète, et re-
gardant au bas, aperçoit un cœur percé d'une
épée : un pareil ornement perdait tout. L'Italien
eut beau dire : *Ma questo e allegorico, un cuore
trapassato d'una spada*, le major fut inébranlable
à exiger la disparition de l'emblème. Huit jours
plus tard, à Vienne, il présentait avec un imperturbable sang-froid, au comte autrichien, l'image

prétendue de sa fiancée, et, sur cet à-peu-près, le mariage réussit.

L'année 1829 fut heureuse pour Henri ; quatre membres de l'ancienne branche de sa famille restée en Écosse étant morts successivement, il recueillait un héritage inesperé, et entrait en possession d'une cinquantaine de mille francs de revenu.

En Russie, les étrangers prenant du service militaire sont mieux qu'ailleurs accueillis par le souverain ; ils rencontrent dans sa faveur les chances d'un rapide avancement ; pourtant ils restent étrangers ; la langue, la religion, la patrie n'est pas la leur ; un signe du maître les élève, un autre signe les dégrade, les envoie au Caucase, ou même en Sibérie. Fraser en savait quelque chose ; aux rêves d'ambition il préféra son indépendance, parvint, non sans peine, à faire accepter sa démission, et courut se fixer à Paris. De naissance aristocratique, plié au joug du despotisme et de la discipline, lié avec Xavier de Maistre, admirateur passionné de son frère le comte Joseph, dont il partageait la foi, les principes et les idées, il n'y venait chercher que la liberté du plaisir.

Il y trouva le mouvement politique, une charte octroyée, mais jurée par le roi, sa violation prévue, dénoncée au peuple par la bourgeoisie ; la résistance poussée de conséquence en consé-

quence jusqu'à la révolte ; le coup d'État du
25 juillet 1830, ayant pour réponse une révolution, et, après trois jours de guerre civile, la
condamnation du droit divin.

La grandeur de ces rapides événements ne
suffit pas à modifier ses croyances. En Portugal,
don Miguel dispute la couronne à don Pedro :
c'est au représentant du parti absolutiste que
Fraser offre son épée : il sert don Miguel en
qualité de colonel chef d'état-major. A la fin
d'une campagne pénible et malheureuse, blessé,
fiévreux, il revient en France. On se rappelle,
après le soulèvement vendéen de 1832 et pendant
la captivité de la duchesse de Berry, la polémique
scandaleuse suscitée par sa grossesse, et les
chevaliers, plus ardents qu'éclairés, de sa vertu,
provoquant en combat singulier pareil nombre de
républicains du *National;* les opinions du major
étaient si bien établies que, sans le consulter, le
comte du Hallay l'avait inscrit sur la liste des
champions de la légitimité. Il en rit avec moi,
mais ne réclama pas.

A plus d'un point de vue, il est curieux d'examiner comment l'esprit de liberté envahit peu à
peu cette intelligence nourrie des fortes doctrines
du droit divin. Le séjour de la ville où tout se
discute, s'essaye, se mesure, le débat contradictoire de chaque question sous ses faces diverses,
à la tribune, dans la presse, et surtout dans les

causeries familières, où, loin du style officiel et
des précautions oratoires, se dégage plus aisément la verité, devaient ronger et détruire à la
longue la foi qui repose sur l'inertie de la raison.
La volonté du major fut impuissante à maintenir
l'asservissement de sa pensée ; elle s'éveilla,
s'insurgea, et cette transformation insensible devint, à Paris, commune aux plus résolus partisans du passé. Sans doute le langage libéral des
orateurs et des journalistes de la légitimité, leur
insistance à invoquer contre Louis-Philippe les
conséquences de la souveraineté du peuple, à
faire appel au suffrage universel, n'étaient que
des expédients politiques, des armes de guerre ;
pourtant l'usage incessant de ces paroles de
liberté avait agité les idées jusque-là immobiles
de leurs adhérents. Les attaques violentes, les
railleries impitoyables de *La Mode*, de *La Quotidienne* et de la *Gazette de France*, mêlées à
celles de *La Caricature,* du *National* et de *La Tribune* contre la monarchie de Juillet, frappaient
du même coup le principe monarchique. Après
s'être rencontrés d'abord l'épée à la main avec
les républicains, les légitimistes rendaient justice
à leur loyauté (1) ; le génie de Chateaubriand,
épris du caractère chevaleresque d'Armand Car-

(1) A cette époque, pour apaiser les conflits entre républicains et
légitimistes, une conférence eut lieu. M. Berryer, désigné comme

rel, avait été entre eux le trait d'union. Ils combattaient côte à côte le même ennemi; conspirateurs couraient les mêmes dangers, prisonniers souffraient ensemble; aussi le légitimiste de Bretagne ou de Vendée, confiné dans ses terres, pétrifié dans sa foi, ne comprenait plus le légitimiste parisien. Entre eux la différence allait parfois jusqu'à l'hostilité. A Genève, un de mes amis qui avait fait l'année précédente le pèlerinage d'Holy-Rood et se croyait fermement dévoué à la branche aînée des Bourbons, rencontre deux Bretons réfugiés contumaces de l'insurrection de 1832; on s'embrasse, on se serre la main, on s'entretient du présent et de l'avenir du parti; alors éclate l'opposition des idées. Le désaccord fut tel que peu d'heures après, sur les remparts de la ville, je servais de témoin dans un duel entre ces coreligionnaires qui s'étaient si chaudement abordés. L'utopie libérale des catholiques groupés autour de La Mennais, avait fait une première brèche dans les convictions absolutistes du major; la lecture des *Paroles d'un croyant* acheva sa conversion.

Laissons maintenant Fraser pour une personnalité bien autrement célèbre.

---

arbitre, rédigea une transaction signée par lui et les rédacteurs du *National* et de *La Quotidienne*; la minute doit exister encore dans les papiers de l'illustre député.

XIII

ALFRED DE MUSSET. — BELLINI. — HENRI HEINE.

Passionné pour la nage, l'été, mes journées
s'écoulaient à l'école du Pont-Royal; non moins
assidu, un jeune homme de mon âge ne faisait
dans l'eau que de courtes apparitions; le plus
souvent étendu sur les nattes, silencieux, il fumait au soleil. Au bout d'un certain temps les
deux habitués se parlèrent, on se souvint de
s'être vus autrefois au collége; les noms s'échan-
gèrent; le sien était Alfred de Musset : de là
date notre connaissance. Pendant une dizaine
d'années nous avons vécu dans une grande intimité, qui cependant n'a jamais atteint l'amitié. Le
prince Belgiojoso, le major Fraser n'ont pas
mieux réussi à lui faire partager ce sentiment;
tous trois amis, nous avons dû nous contenter de
trouver en lui un camarade de plaisir. Y avait-il

de sa part sécheresse de cœur ? On peut répondre
en citant sa constante liaison avec Alfred Tattet,
ses rapports avec le duc d'Orléans ; mais l'ado-
ration d'une nature admirative pour un être supérieur, la protection amicale d'un prince n'ont
rien de commun avec l'amitié virile de deux hommes qui échangent leur estime et leur dévouement. Quoi qu'il en soit, je constate le fait sans
aucune amertume. Pour être simplement juste,
il faut une extrême indulgence envers les souverains et les poëtes ; ils sont grands si jeunes ! Si
jeunes ils inspirent l'admiration, si jeunes ils sa-
vourent la louange, qu'ils se croient toujours
quittes envers ceux avec qui ils se plaisent : ils
leur donnent leur présence ! Ce n'est pas leur
faute si l'amitié naît de l'égalité. Les poëtes ! encore enfants le génie vient les visiter.

C'est comme un inconnu qui leur parle à voix basse.

L'envers de ce magnifique privilége, c'est qu'ils
restent enfants ; ils traversent la vie sans la voir,
ou, sans courage contre la réalité, ils s'y déro-
bent par l'illusion ou par l'ivresse : dieux et enfants, jamais hommes. Je parle ici des favoris de
la nature purement poëtes ; quand, en outre, ils
sont, comme Shakespeare, sublimes historiens de
l'humanité, préoccupés de la chose publique
comme Milton, patriotes et proscrits comme le

Dante, philosophes comme Molière, Voltaire et Gœthe, ceux-là font les grands hommes.

Le génie de Musset est sincère et charmant ; une certaine critique lui reproche de n'avoir pas assigné un noble but à sa muse, d'exercer une action malsaine sur ceux qui l'imitent ou qui l'aiment ; autant vaudrait accuser de corruption le Corrége ou l'Albane. Il a rendu service à tous par sa sincérité ; jusqu'en 1833 il n'a connu et n'a chanté que le plaisir ; la plus intime, la plus ouverte de ses poésies, la dédicace à Alfred Tattet, peut se résumer en deux mots : insouciance et volupté. C'est seulement lorsqu'il est blessé par l'amour qu'il l'introduit dans ses œuvres, et alors il le peint en maître. Le sentiment pur lui a inspiré *Carmosine* ; dans ses *Confessions* il excelle à rendre la passion souillée par la débauche, rongée par le soupçon. Peut-être a-t-il trop souvent dédoublé les éléments indispensables de l'amour, tendresse et volupté, les personnifiant, les opposant l'un à l'autre : ainsi, Octave et Cœlio des *Caprices de Marianne*, et, dans l'*Idylle*, Rodolphe et Albert.

Sans doute Musset avait conscience de sa valeur, mais je n'ai pas connu d'auteur plus modeste, moins enclin à se produire, à faire montre de ses ouvrages. Pendant deux ans, nous voyant presque chaque jour, il ne m'avait jamais parlé de ses poésies ; un soir seulement, comme il s'était

retiré depuis trois mois pour travailler, étant allé
chez lui avec Tattet, il nous lut une partie de son
Spectacle dans un fauteuil. De cette modestie littéraire doit-on conclure qu'il est exempt de vanité ? Rien ne serait moins exact. Il y avait trans-
position, sa vanité était personnelle, nobiliaire :
il se piquait d'être gentilhomme, et séducteur irrésistible. Un jour il me surprit fort en m'inter-
pellant à brûle-pourpoint :

— « Vous êtes comte et pair de France ; pour
tant je parie que vous êtes moins ancien gentilhomme que moi. »

A vrai dire, je ne m'étais jamais demandé si
j'étais gentilhomme. Je parlai d'autre chose. Sa
vanité au sujet de ses bonnes fortunes allait jusqu'à la manie, d'autant plus singulière que le don
merveilleux de poésie, sa réputation, sa jeunesse
lui rendaient les conquêtes plus faciles.

Il était de tournure distinguée, blond, le teint
coloré, les yeux bruns, le nez long, la bouche
mignonne et un peu boudeuse, en somme assez
joli garçon, mais avec des bouffées d'élégance,
peu soigné : l'habitude de fumer jour et nuit la ci-
garette jaunissait ses doigts, ses dents et jusqu'à
ses lèvres.

Avec les hommes, il parlait peu et riait volontiers de l'esprit des autres. Aux femmes il réser-
vait toutes les grâces, tous les charmes de sa
coquetterie ; près d'elles, il était gai, amusant,

éloquent, moqueur, dessinant une caricature, composant un sonnet, écoutant la musique avec délices, jouant des charades improvisées, ayant comme elles l'horreur de la politique et des sujets sérieux.

Il n'imitait pas Byron, mais il aurait voulu l'être; il rêvait le titre, le rang, la beauté, les prodigalités, les débauches, la réputation fatale du grand seigneur poëte.

Avant de quitter cette galerie des morts, je veux encore fixer mes souvenirs sur deux hommes illustres, Henri Heine et Bellini : dans le salon de la princesse Belgiojoso ils présentaient un contraste frappant. Le compositeur sicilien, naïf, superstitieux, tendre, caressant, familier, distingué par nature, mais n'ayant aucune idée des distinctions sociales, des convenances ou de la morale, s'asseyait aux pieds des dames, penchait sur leurs genoux sa tête charmante. Il vivait dans l'amour, ne comprenait rien au delà ; chez lui tous les degrés d'affection, et jusqu'à l'amitié, avaient comme un reflet de ce sentiment. Un jour, en nombreuse compagnie, il m'interpellait du ton le plus simple :

— « Dis-moi donc, cher, quel est l'amant de la duchesse *** ? »

Or, la duchesse et son mari étaient présents. Je feignis de ne pas entendre. Quand plus tard je le grondai, il me fallut renoncer à lui faire sentir

le scandale de sa question. Son mérite et sa re-
nommée étaient trop grands pour qu'il n'eût pas
d'ennemis; mais il ne haïssait personne. Je ne lui
ai vu témoigner de l'antipathie qu'à l'égard de
Heine, voici à quelle occasion : l'impitoyable
railleur l'avait choisi cette fois pour victime, et
par une série de citations, il s'attachait à lui démontrer que tous les grands compositeurs mou-
raient à la fleur de la jeunesse ; peu à peu Bellini
perdait de sa gaieté, et se tournant vers moi :

« *Questo con gli occhiali, è un jettatore.* »
(Celui-ci, avec les lunettes, est un *jettatore.*)

Ce qui est profondément triste, c'est que, quinze
jours après, l'auteur du *Pirate,* de la *Somnam-
bule* et de tant de chefs-d'œuvre, expirait à
32 ans. S'il est absurde de rendre Heine responsable de ce funeste hasard, il y a tout lieu de
croire que l'esprit frappé du pauvre malade a dû
souvent, dans le délire de la fièvre, souffrir du
regard étrange et du rire méphistophélique du
ettatore aux lunettes. A quelque temps de là, je
rencontrai Henri Heine, je lui annonçai la mort
si prompte de Bellini.

« Je l'avais prévenu, » me dit-il en riant.

Insensible comme un dieu, tel était alors le
poëte dans l'orgueil et la force du génie. Il était
d'origine juive, mais s'était dépouillé jeune d'une

religion qu'il appelait un malheur. Néanmoins,
il avait gardé les âpres rancunes du peuple chez
qui est née la peine du talion, les trésors de
haine de la race persécutée. Loin de prétendre
que les Israélites soient moins que nous capables
de bonté, je maintiens au contraire que pour être
bons envers ceux qui commencent à peine à reconnaître leurs droits, à leur rendre justice, il
leur faut un cœur plus généreux, un amour plus
large de l'humanité : cette clémence magnanime
manquait à Heine. Jamais il n'a regretté un trait
blessant, pourvu qu'il fût bon ; il se regardait
comme irresponsable, la malice et la satire étant
ses fruits naturels. A ceux qui le blâmaient d'opposer des trivialités aux images grandioses, aux
idées élevées, aux plus douces fleurs de poésie,
il répondait :

« Je suis une choucroute arrosée d'ambroisie. »

Il fut le champion ardent, inspiré, sans rival,
de la liberté. Après 1830, banni de Prusse, il
adopte Paris, la patrie de son choix, celle qu'il
n'a jamais quittée, et de là il répand sur l'Allemagne son souffle révolutionnaire. Le premier
des poëtes allemands depuis Gœthe, armé de son
ironie meurtrière, il continue la guerre aux réli-
gions révélées, délivre le corps opprimé, torturé
pour la plus grande gloire de l'âme, le tire tout
sanglant du charnier où l'a relégué l'idée chrétienne pendant dix-huit siècles, l'adore, lui resti-

tue ses titres de noblesse, chante sa splendeur, sa
divine beauté. Hélas ! de quelle ingratitude devait
le payer en retour l'objet de son culte ! Atteint
de paralysie, son corps lui inflige huit années
d'horribles souffrances ; il perd la vue, le mouvement ; ses jambes et ses bras, tordus par la douleur, semblent des lianes parasites plutôt que les
membres d'une créature humaine. Le cerveau
seul survit, sa bouche dicte encore : jusqu'à la
dernière heure, des vers sublimes et désolés, les
chants de Lazare, s'échappent de cette intelligence souveraine.

Souvent il plaisantait ses maux : à mesure que
sa vue s'obscurcissait :

« Soit ! » disait-il, « comme le rossignol, je
n'en chanterai que mieux. »

Son cœur s'ouvrait pour sa mère, il lui cachait
son mal, et les gazettes allemandes ayant donné
de tristes détails sur son état, il lui écrivit que
c'était une spéculation de son libraire de le faire
passer pour mourant, afin d'augmenter le prix de
ses œuvres. La pauvre femme lui avait répondu
que chaque jour elle adressait des remercîments à
Dieu de ce qu'il conservait la santé à son cher
fils.

« Et Jehovah, » s'écria-t-il, « Jehovah accepte
cela sans remords ! Ah ! c'est bien là un dieu barbare de la façon des Égyptiens ! Ce n'est pas un
dieu de la Grèce qui traiterait ainsi un poëte ! il

l'aurait foudroyé. Mais le faire mourir misérable-
ment, pièce à pièce ! »

En France, ses amis ont été peu nombreux :
Gérard de Nerval, Théophile Gautier, Paul de
Saint-Victor, la princesse Belgiojoso, ma sœur
madame Jaubert, à qui pendant les dernières
années il avait arraché la promesse de ne jamais
rester quinze jours sans le voir ; M. Jaubert fut
son exécuteur testamentaire.

Il a aimé avec passion une seule femme, une
jeune ouvrière parisienne, l'a épousée, a concentré sur elle toutes ses affections. A moins d'en
avoir été témoin, il est difficile d'imaginer l'inten-
sité et la délicatesse de ce sentiment; il n'était
touché que des attentions qu'on avait pour elle ;
en ingénieuses flatteries il surpassait un courti-
san, une mère en illusions complaisantes; il lui
créait des mots, lui découvrait sans cesse des
qualités ; renonçait à publier ses mémoires afin
de lui assurer une pension; faisait plier ses idées,
ses principes, sa philosophie même devant l'intérêt de la femme adorée.

XIV

VAINS ESSAIS DE TRAVAIL. — GÉRUSEZ. — BERRYER.
SIMPLE SPECTATEUR DES ÉVÉNEMENTS POLITIQUES.
— FUNÉRAILLES DU GÉNÉRAL LAMARQUE. — 5 ET
6 JUIN 1832.

Avant d'aller plus loin, il n'est pas inutile d'insister sur la règle que je me suis imposée en écrivant ces Mémoires, de ne parler avec quelque étendue que des hommes que j'ai connus et des faits auxquels j'ai pris part; je me bornerai donc à résumer, en termes concis, mon impression sur les événements principaux antérieurs à 1838.

A l'âge où l'on se regarde vivre en attendant qu'on se regarde mourir, au milieu de tant d'images effacées, la figure des hommes supérieurs reste seule vivante; on regrette la paresseuse indifférence qui nous a privés d'approcher certains d'entre eux : c'est ainsi que j'ai négligé de connaître Chateaubriand, Walter Scott, et qu'à Londres, à la fin de 1832, logeant chez Casimir

Périer et Lecouteux, secrétaires de l'ambassade française, je n'ai pas prié mes amis de me présenter à l'ambassadeur, prince de Talleyrand.

En reconnaissant ce tort, je dois avouer que l'envie de garder ma barbe y a eu sa bonne part. Oui, ma barbe : M. de Talleyrand, cet esprit si clairvoyant et si fin, avait conservé de l'ancien régime l'horreur de cet ornement masculin, horreur qu'il partageait avec tous les Anglais à cette époque; car dans ce pays la liberté politique n'a d'égale que la tyrannie des convenances. Il suffisait alors de porter la barbe ou un habit de couleur pour être mal vu, montré au doigt et suivi dans les rues. Depuis, plusieurs couches de réfugiés politiques ont familiarisé la société anglaise avec nos *shockings* habitudes; un des résultats incontestables des expositions universelles a été de rendre les moustaches populaires.

La condition d'avoir le menton rasé pour être bien accueilli du prince de Talleyrand était indispensable; je refusai de m'y soumettre. Peu de temps avant, entre le comte d'Orsay et le doyen des diplomates, cette exigence avait donné lieu à un assaut de ruses dans lequel ce dernier avait eu le dessous. Le beau comte, banni de France par d'impitoyables créanciers, bientôt élu roi de la mode par l'aristocratie anglaise, l'ami de lady Blessington, dont il avait épousé la fille, crut avoir besoin, pour mettre le sceau à ses triomphes, de se faire présenter à la cour. M. de Talleyrand, qui ne l'aimait pas, chercha de quel prétexte il pourrait colorer son refus, et crut l'avoir trouvé dans le magnifique collier de favoris bruns qui encadrait le visage du récipiendaire. Après d'assez longs pourparlers, une transaction eut lieu; il fut convenu que si d'Orsay consentait à sacrifier le bas du collier, l'ambassadeur ferait la présentation. Au jour dit, le comte est exact au rendezvous, le cou disparaissait dans une énorme cravate blanche, le menton rasé conformément au traité. En dépit de sa répugnance, le prince s'exécuta, l'introduisit près du roi et de la reine. La cérémonie terminée, on remonte en voiture; qu'on juge de l'indignation du vieux maître en roueries quand il aperçoit à ses côtés d'Orsay, moins rasé que jamais, ayant sorti du fond de sa cravate l'ornement abhorré et riant dans sa barbe de la mystification.

Il était temps de me préparer aux fonctions politiques dont j'étais investi par hérédité. N'ayant fait ni rhétorique ni philosophie, je ne pouvais être élève de la faculté de droit : le spirituel et fin critique remplaçant M. Villemain à la chaire de littérature, Gérusez, de probité rare, de grand savoir, de principes républicains, auxquels il a conformé sa vie, m'indiqua un répétiteur

Avec sa bonté habituelle, Berryer m'avait offert de me faciliter les abords en élaguant de l'étude des codes les parties inutiles à ma carrière, en éclairant de sa haute raison les connaissances qu'il me fallait acquérir. A aucune époque pourtant il n'avait été plus surchargé de travaux, je dis surchargé, non accablé, car ce vigoureux génie faisait face à tout. Défendre à la tribune la cause royaliste, au lendemain d'une insurrection vaincue; à peine sorti de prison, porter par une audacieuse diversion la guerre dans le camp ennemi, attaquer le gouvernement, le mettre en danger; plaider les procès politiques, entretenir une correspondance immense avec les départements et l'étranger; diriger un parti, lui résister, telle était sa tâche de chaque jour. Et ce n'est pas tout encore : le représentant des intérêts généraux devait descendre des hauteurs de la chose publique pour débrouiller les complications de ses affaires privées, en souffrance par suite de son dévouement à sa cause; il devait inventer des expédients, obtenir des délais, concerter des compromis. A peine hors de ces mesquins tracas, dans le monde il surpassait les oisifs en liberté d'esprit; nul n'apportait à la conversation plus de charme et de gaieté ; aucun dilettante n'entendait avec un plaisir plus complet Pasta, Lablache ou Malibran. Il remplissait ainsi plusieurs existences, s'endormait à regret, et le matin, quand j'entrais dans sa chambre, il trouvait encore à distraire une heure pour m'instruire et m'aider de

sa puissante amitié. Ma sincérité m'oblige à con-
fesser que je profitais mal de si précieux avantages. Deux années me séparaient de mon entrée
à la chambre des pairs, donc mes études étaient
sans application immédiate; je manquais de pré-
voyance, j'appartenais au plaisir : aussi, le plus
souvent, pour être exact près de mon illustre professeur, je renonçais à me coucher. Berryer
prenait un vénérable *in-folio*, les *Lois civiles dans
leur ordre naturel*, de Domat; sa voix, l'art enchanteur de bien dire embellissaient le style au
point que je ne saurais à présent faire la part du
lecteur et celle de l'auteur. Il commentait avec
une admirable clarté, me communiquait son goût
pour la noble simplicité des vieux jurisconsultes.
Puis, s'animant en compagnie des grands
hommes du dix-septième siècle, il saisissait sur un
rayon de sa bibliothèque les *Sermons* de Bossuet
ou de Bourdaloue, parcourait les plus beaux passages du volume chargé de marques, me faisait
partager son enthousiasme pour ces maîtres de
la parole. Enfin, s'interrompant, il m'examinait
d'un œil pénétrant :

— Je parie que tu as encore passé la nuit,
méchant garçon !... T'es-tu bien amusé au moins?

D'ordinaire c'est ainsi que se terminaient les
leçons; on comprend qu'elles n'étaient pas ré-
gulières; peu à peu, elles allèrent s'éloignant;
enfin elles cessèrent tout à fait : Berryer, tou-

jours indulgent, renonça à son élève sans rien lui
enlever de son affection.

L'homme adonné aux jouissances devient incapable de consacrer une heure à l'étude, à moins
qu'il n'ait eu une jeunesse laborieuse, un grand
fonds d'instruction, et surtout qu'il ne soit pressé
par la nécessité journalière d'appliquer ses facultés. Ne possédant aucun de ces avantages, je sui-
vais le courant de mes passions. De la petite fortune que m'avait remise mon tuteur, il ne me
restait que mon majorat ; la loi qui les abolissait
en les mobilisant, deux fois adoptée par la chambre
des députés, deux fois rejetée par la chambre des
pairs, venait d'être votée une troisième fois par la
première assemblée à une immense majorité.
On m'assura que la pairie céderait devant la
crainte d'un conflit entre les deux pouvoirs ; cette
espérance me remplit de joie ; avec le capital du
majorat, continuer pendant quelques années «à
vivre au gré de mon caprice, et quand il serait
dissipé, sortir de la vie, mes désirs n'allaient pas
au delà. Le projet de loi, repoussé à deux voix de
majorité, ne reparut plus ; il fallut me résigner à
envisager un avenir moins borné. Mon empressement à saisir l'occasion de consommer ma
ruine, mon désappointement quand elle me fit défaut n'ont pas besoin de commentaires ; ils mon-
trent, mieux que de longues dissertations, quel
était l'état de mon esprit. Tout entier aux sensa-

tions, la pensée, le sentiment collectif étaient endormis ; je n'accordais qu'une attention distraite aux événements, j'y assistais comme en rêve.

C'est ainsi que, membre du *Cercle des arts*, sur la terrasse située à l'angle du boulevard et de la rue Choiseul, le 5 juin 1832, j'avais vu défiler devant moi le long cortége funèbre à la suite du cercueil du général Lamarque, le général Lafayette, les députés de l'opposition, les réfugiés polonais, italiens, et à la tête de ces derniers le prince Belgiojoso, les élèves des écoles, les membres de la *Société des droits de l'homme*, *des Amis du peuple*, enfin des milliers d'ouvriers. Sous un aspect morne, une attente fiévreuse, le pressentiment de l'insurrection agitait cette foule rangée, organisée par bataillons, ayant ses chefs, son mot d'ordre, prête à l'action.

Le char mortuaire montait le boulevard Montmartre, quand une commotion rapide comme l'éclair, se communiquant de rang en rang, une terreur panique parcourut cette masse animée ; aux cris de : Trahison ! aux armes ! tous ces hommes se débandent, s'élancent sur les sergents de ville, les désarment, arrachent les jeunes arbres plantés après la révolution de Juillet ; puis, honteux d'une épouvante sans motif, ils reprennent leur rang ; les flots tumultueux s'apaisent, tout rentre dans l'ordre, le convoi continue sa marche. Quelques heures plus tard le combat commençait : parmi les

héros de l'antiquité il n'en est pas dont les funérailles aient été glorifiées par un si grand nombre
de sacrifices humains.

Je n'essaierai pas de décrire cette guerre civile
de deux jours à laquelle je n'ai pris aucune part.
Le roi fit preuve de sang-froid et de courage,
raffermit par son exemple. Si mes souvenirs ne
me trompent pas, l'attitude du maréchal Soult fut
équivoque; au ministère de la guerre il y eut hé-
sitation et confusion; mais MM. Thiers, ministre,
Gisquet, préfet de police, montrèrent de la décision ; le maréchal Lobau, commandant en chef
la garde nationale, prêta un énergique appui au
gouvernement. Dans l'ordre matériel l'emploi du
canon, dans l'ordre moral l'union intime de la
garde nationale et de l'armée décidèrent de la
victoire : après une résistance intrépide, désespérée, le parti républicain succomba. Il n'était pas
sans alliage, et l'élément bonapartiste s'y trouvait
dans une faible proportion. Comme sous la Restauration, il y avait eu quantité de libéraux na-
poléoniens, il y eut encore, pendant ces premières
années, un noyau d'hommes qui couvraient du
manteau de la République leurs désirs intéressés
au rétablissement de l'Empire.

Le fait dominant qu'il faut toujours avoir en
vue pour comprendre le règne de Louis-Philippe,
c'est le concours dévoué que la garde nationale
lui prêta longtemps; il est le roi de la classe

moyenne et de la garde nationale; malheureusement, dans sa pensée, là finit la nation : leur adhésion fait sa force, chaque année le discours de
la couronne la rappelle, et du jour où il a perdu
leur sympathie, il tombe, disons-le à son honneur, sans faire usage des moyens violents de
résistance que l'armée mettait à sa disposition.

XV

GUERRE CIVILE DANS L'OUEST. — LA DUCHESSE DE
BERRY. — MINISTÈRE DU 11 OCTOBRE. — INSURREC-
TION D'AVRIL 1834, A LYON, PARIS, LUNÉVILLE,
ARBOIS, ETC. — LA MENNAIS. — PAROLES D'UN
CROYANT.

J'ai déjà rappelé comment en 1832 l'Ouest
avait eu aussi sa prise d'armes, suscitée par la
présence de la duchesse de Berry, facilement
comprimée grâce au désaccord des chefs, et à
une succession de contr'ordres et de fautes. Mais
la publication de la brochure de Chateaubriand :
Madame, votre fils est mon roi, l'arrestation
momentanée de l'illustre écrivain, celle du duc
de Fitz-James, celle de Berryer, suivie de son acquittement, un véritable triomphe, avaient plutôt
accru l'importance du parti.

La capture de la mère de Henri V dans des
circonstances odieuses, au moyen de la trahison
soldée de Deutz, avait frappé les imaginations,

animé les sympathies. Enfin, le 5 janvier 1833,
la déclaration à la tribune du duc de Broglie,
président du conseil du 11 octobre, que la princesse chef de l'insurrection serait, en vertu de la
raison d'État, distraite de ses juges naturels, em-
prisonnée à Blaye, le gouvernement se réservant
de prononcer sur son sort, avait à la fois irrité
l'opposition radicale et exalté l'audace des royalistes. Ce moment d'espérance fut court; le 20 février, la duchesse de Berry remettait au général
Bugeaud, gouverneur de la citadelle, la déclaration de son mariage secret en Italie. On nie l'au-
thenticité de la pièce, mais bientôt le départ pour
Blaye de l'accoucheur ordinaire de la princesse,
M. Deneux, dont le dévouement ne pouvait être
suspecté, fait concevoir des doutes ; le 9 mai, l'ac-
couchement certifié abat les négations les plus
fermes, et jette l'opinion légitimiste dans un long
accablement. C'est alors surtout que leur orateur
avec un inébranlable courage, obéissant à sa nature autant qu'à la tactique des partis, prend la
liberté comme point d'appui.

Malgré leur défaite de juin 1832, les républicains sont encore debout, redoutables ; entre eux
et les partisans d'Henri V, une trève a lieu : tous
saluent l'éloquence victorieuse du tribun royaliste.
A la suite d'un de ses discours, la loi des vingt-
cinq millions d'Amérique, dont l'acceptation a été
posée par le duc de Broglie comme une question

de cabinet, est rejetée à une faible majorité :
le ministère est dissous. Je dirai plus tard de
quels éléments se composait cette majorité
d'un jour à laquelle avaient concouru des aides
de camp du roi et des familiers du Château;
car les miracles de l'éloquence ont aussi leur explication.

Revenons à la session de 1833-1834.

Un ensemble de lois contre les crieurs publics,
les associations, etc., propres à enchaîner l'action
républicaine, avait été adopté par la chambre des
députés. Une levée de boucliers était prévue. Le
4 avril, le ministère est reconstitué sous la présidence du maréchal Soult : l'amiral de Rigny
passe au ministère des affaires étrangères,
M. Thiers à l'intérieur; un homme d'une énergie
acerbe, M. Persil, remplace Barthe à la justice.
La bataille approchait : le 9, elle s'engage à
Lyon, sanglante et terrible, puis à Lunéville, Arbois, etc.; le 13, à Paris. Partout elle est gagnée
par Louis-Philippe : les chefs de la démocratie
encombrent les prisons; ils sont déférés à la cour
des pairs ; leur nombre, leur indomptable énergie,
le choix de leurs défenseurs, les sympathies dont
ils sont entourés, deviennent pour le gouvernement et pour les juges un embarras, presque un
danger. Une défaite ne supprime pas un parti,
mais elle l'oblige à changer ses moyens de lutte.
Dès lors la guerre civile fut étouffée; la monar-

chie avait le dessus ; une dynastie était assise, la bourgeoisie respirait.

Autant que cela se pouvait, j'étais resté étranger à ces grandes luttes, car des instincts vagues d'opposition ne méritent pas le nom d'opinion.

Le 14 avril au soir, Achille Bouchet, lieutenant-colonel, rentrait fatigué à l'état-major de la garde nationale, après une ronde dans un des faubourgs; le maréchal Lobau appréciait ses services; il lui donne l'ordre de retourner immédiatement. Edmond Baillot offre de le remplacer, insiste et part: une heure après, on le rapportait mortellement atteint de trois balles. Un autre officier d'état-major, l'auteur Mazères, s'étant distingué par sa bravoure à l'attaque d'une barricade, est nommé sous-préfet à Sceaux. Du côté opposé, Adolphe Thibaudeau, le spirituel ami d'Armand Carrel, son collaborateur, est fait prisonnier. Tels étaient, dans le cercle de mes connaissances ou de mes amitiés, ceux qui m'avaient personnellement intéressé à la lutte

Peu de temps après ces tristes journées, le major Fraser entrait chez moi un volume à la main.

— « Laisse là ta paresse, me dit-il, si tu as encore un cœur d'homme, lis les *Paroles d'un croyant*. »

Avant de dire l'impression produite sur moi par cet ouvrage, je rappellerai brièvement le passé

de son auteur. Rien de plus instructif que l'histoire de ces évolutions d'une grande intelligence.
A l'occasion de l'enseignement religieux au collége Henri IV, j'ai parlé des conférences de
l'abbé de la Mennais; sa foi absolue, intolérante,
n'hésitait pas à vouloir imposer à tous le joug
qu'elle subissait. M. Littré, dans la *Vie d'Auguste
Comte*, nous en cite un curieux exemple lorsqu'il
nous montre, en 1826, l'abbé de la Mennais, profitant de l'état de démence du philosophe pour le
forcer à contracter à domicile le mariage religieux. Le catholique ultramontain est impitoyable
à l'égard des incrédules; pourtant, avec ses
frères et sœurs en Jésus-Christ, que d'onction,
quelle charité évangélique! Sa correspondance,
affectueuse et tendre, respire la gaieté, l'innocente malice d'un enfant; il dépose ses terribles
armes de polémiste, il retient un trait, il a peur de
blesser. Mais déjà la vanité, l'égoïsme, la médio-
crité de certains dignitaires de l'Église l'impa-
tientent : il s'irrite de ne pouvoir faire parvenir
la vérité au Père des fidèles. Enfin, malgré son
ultra-catholicisme, la téméraire incapacité des
hommes qui entourent Charles X l'effraye : avec
l'intuition du génie, un des premiers il prédit la
chute de la monarchie. Aussi n'est-il pas surpris
par la révolution de Juillet; mais cet esprit, qui
avait adopté les théories de Joseph de Maistre
comme point de départ, témoin de la grandeur

du spectacle, touché de l'honnêteté, de la clémence du peuple, subit une soudaine transformation; désormais il fait bon marché des rois; il
juge le peuple digne d'émancipation, l'adore et lui
apporte le catholicisme et la liberté.

Son système de démocratie universelle avec le
Pape au sommet trouve de nombreux adeptes
dans la portion généreuse et éclairée du clergé :
les abbés Gerbet, Lacordaire, le comte de Montalembert deviennent ses collaborateurs au journal l'*Avenir*. Ils prêchent la séparation de l'Église
et de l'État, la suppression du budget des cultes :
une propagande active, éloquente, trouble les
âmes, agite les catholiques, les divise en deux
camps : d'un côté des desservants, des pauvres,
des cœurs aimants, prêts aux sacrifices; de
l'autre les évêques et tous ceux qui reçoivent le
mot d'ordre du pouvoir politique.

Le gouvernement s'émeut; le Pape est averti :
les novateurs vont, pleins d'espoir, devant le souverain Pontife plaider la cause de la démocratie
et de la liberté. Dans des pages d'une vérité sai-
sissante, la Mennais a retracé les mesquines per-
fidies de l'entourage du Pape, les lenteurs cal-
culées, les entraves opposées à leurs instantes
suppliques, le refus d'entendre leur défense, puis-
qu'il n'obtient, au bout de six mois, une audience
qu'à la condition de ne pas ouvrir la bouche des
affaires qui l'ont amené. Puis, après tant d'a-

mères déceptions, d'attente vaine, d'humiliation,
il nous dit leur lassitude et leur découragement.
Dans un jour. de suprême désespérance, ils quittent la Ville Éternelle; en route les atteint l'encyclique qui les condamne. Lacordaire et la Mennais semblent d'abord se soumettre également;
retirés à La Chesnaye, ils méditent la cruelle
sentence, la commentent; entr'eux naissent les
premières discussions.

Lacordaire s'éloigne, la Mennais compose les
Paroles d'un Croyant. Petit, maigre, chétif d'apparence, nerveux, d'une sensibilité morbide, sa
tête contient un monde, un ensemble de principes
religieux et politiques dont l'accord lui est une
nécessité. Il ne vivra pas comme la plupart d'entre
nous dans l'inconséquence : entre deux croyances
contradictoires, l'une vaincra l'autre. Dans ce
cerveau tourmenté s'opèrent d'énormes boulever-
sements; tout est en fusion comme dans l'intérieur d'un volcan. Sous l'étreinte de la logique
absolue, le prêtre se débat et meurt, l'homme
n'en sait rien encore; il continue les observances
et les pratiques, il imagine des distinctions idéales
entre la politique et la foi. Mais le prêtre n'est
plus. Courbé sous une compression sans mesure,
l'homme se relève; sa fière raison brise les
chaînes de la foi; de l'Ancien Testament il a
gardé l'inexorable justice, du Nouveau l'amour
de l'humanité; mais chez lui l'amour engendre la

haine. L'âme ulcérée d'où s'échappent ces pages brûlantes agit comme à l'insu de sa volonté, elle la dépasse. Sa résolution de rompre avec le catholicisme n'est pas encore arrêtée. En effet, à son retour à Paris, il se rend chez Mgr de Quélen, Breton comme lui et dont la famille est liée avec la sienne ; malgré d'anciens dissentiments entre l'archevêque gallican et le fervent ultramontain, il lui soumet le manuscrit et lui demande avec angoisses s'il ne contient rien de contraire au dogme :

— Il ne blesse pas la foi, lui répond Mgr de Quélen ; mais si vous le faites imprimer, il mettra le feu aux quatre coins de l'Europe.

Soulagé, la Mennais s'écrie :

— S'il n'y a que cela, je le publie.

Il loge dans une grande maison démeublée de la rue de Vaugirard, avec quelques-uns de ses collaborateurs que l'encyclique a condamnés comme lui ; c'est là que le revoit M. Sainte-Beuve, à qui il confie le manuscrit des *Paroles d'un Croyant*, en le priant de le faire imprimer sans nom d'auteur. Devant les difficultés qu'oppose l'imprimeur, il hésite, puis, faisant un pas de plus, il consent à signer son œuvre, et part.

L'obligeance amicale de M. Sainte-Beuve lui avait fait accepter les soins ennuyeux de la publication ; il avait lu le livre, mais comme il l'a raconté lui-même, sans en apprécier l'influence in-

stantanée sur les masses populaires. L'exagéra-
tion du style, les images monstrueuses, apocalyp-
tiques, les scènes accumulées de bourreaux, de
cadavres et de pourriture devaient blesser un tact
fin, un goût pur plus littéraire que politique;
mais pour ceux à qui il était destiné, ces défauts
disparaissaient devant les qualités supérieures.
Apôtre passionné des déshérités, il pousse le cri
de vengeance contre la tyrannie; son éloquence
menaçante renouvelée des prophètes de l'Ancien
Testament, la malédiction, l'anathème devaient
trouver un écho dans les cœurs visités par la misère, toujours souffrant de la pauvreté. Ses paroles soufflaient la révolte; elles désignaient les
maîtres de la terre comme les fléaux de l'humanité; on chercherait vainement une âme aussi républicaine.

L'imprimeur, effrayé, prévient M. Sainte-Beuve
que ses ouvriers à la lecture du manuscrit se
sont soulevés. L'ouvrage paraît, devient la Bible
du prolétaire, le guide de la jeunesse ardente et
studieuse; l'effet, immense dans la bourgeoisie,
fut surtout celui d'une stupéfaction mêlée de
crainte; plus d'une conscience s'alarma : bientôt
l'habitude de l'impunité leur rendit le repos.

L'enthousiasme de Fraser dura davantage; il
restait catholique en suivant le génie de la Mennais dans la voie de la liberté. Quant à moi, aucune
idée religieuse ne faisait obstacle à mon admiration.

Sans doute l'égoïsme de nos passions, l'air vicié du milieu où nous respirions devait rendre longtemps stériles nos velléités d'homme et de citoyen; pourtant cette lecture déposa en nous une semence démocratique qui, lente à germer, n'en porta pas moins ses fruits.

XVI

A l'automne de 1834 je fis, avec un de mes anciens camarades, le comte Louis de Montbrun, un voyage à pied en Suisse. A notre retour à Genève, nous vîmes les réfugiés légitimistes et républicains ; ils dînaient ensemble, faisaient bon ménage et rivalisaient d'illusions. En se séparant de nous, les uns et les autres nous donnaient rendez-vous à Paris dans trois mois, *dernier délai*. On le voit, ils étaient tous de ceux que mon ami Ribeyrolles, mort proscrit du second empire, appelait les membres du *parti : Je fais mes malles*.

Arrivés à Milan, après avoir traversé le Simplon, je fus saisi de douleurs violentes. Souvent, pendant notre voyage à pied, accablés de chaleur et de fatigue, nous avions reposé quelques

heures étendus sur l'herbe, la tête appuyée sur
nos sacs; pour moi le résultat de ces impru-
dences fut un rhumatisme articulaire. Le génie
de Broussais a fait plus de victimes que la peste
et la guerre; son système, un peu délaissé en
France, était encore fort à la mode en Italie : en
six jours onze saignées et quatre-vingts sangsues
eurent raison de ma jeunesse. Il me fallut longtemps pour revenir à la vie : enfin je rentrai en
France.

Le 4 février 1835, je fus reçu au *Jockey-
Club*; son histoire, qui est celle des générations
successives de la jeunesse inoccupée, mériterait
d'être traitée à part. Toutefois j'en dirai quelque
chose, et aussi de l'influence générale des cercles
sur l'état social; enfin je veux considérer l'institution des courses au double point de vue de leur
utilité et de leurs dangers.

Avant la fondation du *Jockey-Club*, il n'y avait
à Paris que trois autres cercles ayant quelque no-
toriété : celui du boulevard Montmartre, dit du
Commerce, des *Amis des Arts*, au coin de la rue
de Choiseul, celui de l'*Union*, composé par moitié d'étrangers et de Français, auquel la présence des ambassadeurs donnait une couleur
diplomatique. Le centre de réunion le plus habituel était le *Café de Paris*, qui présentait
les avantages et aussi les inconvénients de la
liberté. Après dîner, souvent on y jouait, et comme

il suffisait pour y être admis de payer régulièrement la note de son dîner, rien ne garantissait de l'introduction d'un fripon. Le désir d'élever une barrière contre l'envahissement de la mauvaise compagnie, l'imitation des habitudes anglaises poussaient à la création d'un cercle où la jeunesse élégante, se recrutant elle-même, surveillerait le choix des admissions. La fondation d'une société d'encouragement pour l'amélioration de la race des chevaux en France, le 11 novembre 1833, en devint l'occasion.

Après quelques hésitations le nom de *Jockey-Club* fut accepté par le Cercle et la Société d'encouragement. Nul ne pouvait être membre du Cercle sans l'être aussi de la Société, qui, elle, se réserva le droit d'avoir ses souscripteurs particuliers ; de ce nombre furent le duc d'Orléans et le duc de Nemours, membres honoraires.

Chaque membre du Cercle payait à son entrée 450 fr., et 300 fr. les années suivantes. Le premier comité fut composé des fondateurs de la Société d'encouragement :

MM. H. Seymour, *Président*
    Prince de la Moscowa
    Rieussec.
    Delamarre.
    Maxime Caccia.
    Comte Demidoff.
    Fasquel.

CHARLES LAFFITTE.

Chevalier DE MACHADO.

DE NORMANDIE.

Comte DE CAMBIS, écuyer du duc d'Orléans.

ERNEST LEROY.

Leur président, lord Henry Seymour, fut aussi président du *Jockey-Club*, qui occupa d'abord le premier de la maison formant l'angle du boulevard et de la rue du Helder.

Henry Seymour, second fils de la marquise d'Harford, lord par courtoisie, avait été élevé à Paris, près de sa mère. Quoiqu'il parlât purement le français, il avait tous les goûts de la *gentry* anglaise : les exercices du corps, les courses et la manie des paris. Petit, mais vigoureux, doué d'une adresse extraordinaire, bon cavalier, de première force à l'escrime, à la boxe, il avait acquis un développement musculaire qui n'était plus en rapport avec sa taille. Il n'avait jamais voulu aller dans le monde, mais, à sa majorité, vers 1824, un revenu de trois cent mille francs et une indépendance absolue lui avaient donné une position à part : sa salle d'armes était un centre de camaraderie, ses écuries de course un luxe alors inusité. Il s'était trouvé à la tête d'amis trop nombreux pour être sincères; on avait usé et abusé de sa confiance, et n'ayant pas en lui l'indulgence des natures supérieures, il avait tourné à la

misanthropie; il supposait le mal par vanité de
ne pas être dupe : aussi fallait-il distinguer entre
ses actes et ses paroles, celles-ci méchantes, n'é-
pargnant personne, ceux-là honnêtes, charitables,
souvent généreux. Dans les paris et les courses,
c'était avec passion qu'il voulait gagner, l'enjeu
lui était indifférent. Deux traits compléteront le
personnage : afin d'être sans rival en quelque
chose, il avait exercé pendant des années le petit
doigt de sa main droite au point de lever avec ce
seul doigt un poids de cent livres à la hauteur de
son épaule, de telle sorte que sa main entière eût
porté à peine davantage; dans le même but, il
avait étudié à fond les difficultés grammaticales
de la langue française et proposait à tout venant
des paris sur l'orthographe de certains mots. Il
fumait sans cesse, et a puissamment contribué
par son exemple à généraliser en public la mode
du cigare.

En 1835, il avait donné sa démission, un vote
de l'assemblée générale désigna comme président
M. de Normandie.

Après un Anglais, un anglomane. Non seulement Normandie parlait la langue avec l'accent
d'un insulaire, montait excellemment à cheval, et
courait avec succès comme *gentleman rider*, mais
il avait les manières, le sang-froid, le physique,
et jusqu'à la chevelure rousse d'un Anglais de
théâtre; il était aimable, gai en dedans. Un de

mes amis l'ayant présenté un soir dans un intérieur
de la bourgeoisie parisienne comme un nouveau
débarqué d'Albion qui ne savait pas un mot de
Français, de jolies dames l'examinèrent avec curiosité, chuchotèrent d'abord entre elles, puis,
enhardies par son flegme imperturbable, firent
peu à peu tout haut sur l'étranger les réflexions
les plus singulières. Il échangeait, de loin en loin,
quelques mots d'anglais avec son introducteur.
Enfin, une gentille étourdie étant venue lui offrir
une tasse de thé, il la remercia en français, et, au
milieu de la consternation générale prit dès lors
part à la conversation. Avec une grande simplicité
il possédait le vrai courage : un mari ayant à se
plaindre de sa femme et de lui le provoqua, l'in-
juria et le frappa en plein boulevard ; Normandie
refusait de se battre ; quelques membres du Joc-
key, se mêlant de ce qui ne les regardait pas,
jugèrent qu'il y avait sujet à réparation. Soit! dit
Normandie, et allant sur le terrain, il essuya, le
sourire sur les lèvres, le feu de son adversaire,
mais refusa de tirer. Cette fois les plus raffinés
durent convenir que l'honneur était satisfait.

Le 24 février 1836, M. de Normandie a été
remplacé par Joseph Napoléon Ney, prince de
la Moscowa, élu par 36 voix sur 59 votants, les
23 autres voix données au marquis de Boisgelin,
qui fut nommé vice-président ainsi que le comte
de Cambis.

Le prince de la Moscowa conserva ses fonctions jusqu'en 1849. Il ne manquait ni d'esprit ni d'intelligence, mais de jugement. Si chez lui l'aberration était un don de nature ou le résultat d'une position trop exceptionnelle, c'est ce que je n'entreprendrai pas de décider. Élevé dans l'exil après la fin tragique de son père, il n'avait entendu parler que du martyr, jamais du coupable; du grand capitaine ayant le coup d'œil du génie sur le champ de bataille, non de l'homme médiocre partout ailleurs et perdant à réfléchir; ainsi on lui avait appris à ne voir qu'une moitié de la vérité. Il n'était rentré en France sous la Restauration que pour épouser la fille du célèbre banquier *libéral* Jacques Lafitte. Les magnificences de son mariage avaient eu l'éclat d'une solennité politique; de là une opulence précaire subordonnée à la fortune de son beau-père. En 1830, la révolution couronnée le nomma pair de France et, d'emblée, chef d'escadron dans l'armée. En 1840 il eut le tort de siéger à la Chambre qui avait condamné son père, quand son élection certaine à la Chambre des Députés aurait offert un champ plus convenable et plus libre à son ambition. Tour à tour colonel de la garde nationale à cheval, président du Jockey-Club, compositeur, chef d'orchestre des concerts de musique ancienne, orateur, industriel et homme de plaisir, il a touché à beaucoup de choses, et n'a excellé dans aucune. Il

avait de la facilité, de la superficie. Le goût de
s'essayer à tout, l'incertitude des vocations est
un trait général des hommes de notre temps, et
particulier aux époques de transition. Pour se
montrer le digne héritier du nom qu'il portait, il
fit avec honneur la campagne de Constantine ;
mais il revint plein de pitié pour les Arabes, il se
demandait où était le droit de la conquête. L'indépendance et la philanthropie l'empêchaient
d'être le véritable homme de guerre. Avec une
volonté multiple, des besoins impérieux et des aspirations généreuses, il fut un assemblage d'ano-
malies et de contradictions ; à la fois libéral,
napoléonien, et ami des princes d'Orléans.

Tels ont été les présidents du Jockey-Club jusqu'en 1846, époque à laquelle j'ai donné ma démission.

Après plus d'un an d'existence rue du Helder, le nombre des membres du Jockey-Club
n'excédait pas cent soixante, sur lesquels cin-
quante à peine, presque toujours les mêmes,
se retrouvaient chaque soir : aussi une grande intimité existait entre nous. De tous les vices l'hypocrisie était le moins en honneur. Sur le bruit
des sommes énormes perdues au jeu, l'excentri-
cité de certains paris, les plaintes de quelques familles, beaucoup de parents empêchaient leurs
fils de se présenter ; néanmoins vers la fin de 1836
le chiffre s'éleva rapidement à deux cents. Dès

lors, au prix de 22,000 fr., on arrêta le premier
de la rue Grange-Batelière; un mobilier somp-
tueux, un nombreux domestique, une organisation
mieux ordonnée donnèrent au cercle une apparence plus régulière; des membres des deux
chambres, des généraux, des fonctionnaires ap-
portèrent leur sérieux : ainsi lesté, le Jockey-
Club cessa d'effrayer la société; on continua de
s'y ruiner mais gravement. Le comte de Cavour,
le futur grand ministre en fit partie, il n'était pas
un des moins joueurs, et sortait souvent au jour,
avec des différences de cent à cent cinquante mille
francs dans la nuit. De tous les membres, je n'en
ai connu qu'un seul admis, non comme homme du
monde, mais comme homme d'esprit; c'était Auguste Romieu : ayant parlé, Belgiojoso, Fraser
et moi de la présentation d'un autre homme de
lettres, le poëte Alfred de Musset, nous trou-
vâmes une telle opposition que nous dûmes y renoncer.

Les avantages des associations appelées cer-
clès sont évidents : l'assurance de n'être en relation qu'avec des hommes de bonne compagnie, le
luxe, et le confortable relativement à bon marché,
des repas plus sains que chez le restaurateur; pas
de joueurs équivoques comme dans les cafés ou
les tripots clandestins, pas de refait de trente et
un, de double zéro, pas de prime au profit d'une
banque comme dans les maisons de jeu. Mais ils

ont un envers : comme on s'habitue à tuer dans le
métier des armes, dans les clubs on apprend à
ruiner sans remords ses amis. Au lieu de ne ha-
sarder que la somme qu'on peut ou qu'on veut
risquer, l'usage de jouer sur parole entraîne le
malheureux dans la fièvre du jeu à perdre sa fortune et au delà. A ma connaissance, il n'y a pas
eu d'exemple de tricherie (1), mais des débiteurs
souvent insolvables, gagnant de temps à autre,
et perdant sans payer. Il n'y a pas là un croupier
avec des chances inégales de bénéfices; mais
quelle monstrueuse inégalité entre les joueurs?
Elle est tellement incontestable que pendant une
longue vie M. des Chapelles et d'autres que je
pourrais citer, ont réalisé annuellement un gain
supérieur à cent mille francs, et pourtant le whist
et le piquet, deux jeux dits de *commerce*, sont
seuls autorisés. Enfin bien des gens reculaient à
franchir le seuil d'une maison de jeu, d'un *enfer*
comme disent les Anglais, maintenant les hommes
honorables n'hésitent à se présenter dans un
club que s'ils ont la crainte de ne pas être admis.
Le monde se contente d'apparences et se paye de
mots : de même qu'à la Bourse on ne *joue* pas,
on spécule, on fait des affaires, de même là on
fait sa partie, on se délasse d'occupations plus

(1) Le jeune prince de Berghes, qui avait imité les jetons du Jockey-Club, n'en a jamais fait partie.

sérieuses : l'immense danger de ces établissements est précisément leur respectabilité.

Les idées 'que je viens d'exprimer sont anciennes chez moi ; en 1840, cherchant à mettre l'inexpérience de Romieu à l'abri des périls de la grosse partie, je lui avais remis cinq louis, et j'avais exigé en échange qu'il signât le billet suivant :

« Je m'engage à payer dix mille francs au comte d'Alton Shée si à l'avenir je joue au whist au Jockey-Club à plus de deux francs la fiche. »

Je l'ai préservé ainsi pendant un certain temps, plus tard je l'ai jugé assez puni d'avoir manqué à son engagement sans le lui rappeler.

Je ne quitterai ce sujet qu'après avoir esquissé le portrait du doyen, aujourd'hui défunt, des joueurs du Jockey-Club. M. Potter, résidant en France depuis sa jeunesse, avait été beau et à la mode au début de la Restauration ; accueilli dans les salons du faubourg Saint-Germain, il tenait la banque contre tous, et chez mesdames de ** et de *** il avait coutume, quand il sortait gagnant, d'oublier sous un flambeau un billet de mille francs. Il était remarquable par sa loyale impassibilité. Devenu le beau-père du comte de Vaublanc, en 1835 il fut reçu au Jockey-Club. Habile au whist, surtout vis-à-vis de novices encore en apprentissage, il manquait rarement, malgré son âge, de passer la nuit, acceptait les paris les plus élevés, et se retirait d'ordinaire gagnant des sommes considérables. Je ne jouais guère que comme occasion de veiller, et à bon marché ; mais, une fois, vers cinq heures du matin, ayant besoin d'un quatrième, MM. Potter, d'Ekmulh et Guy de la Tour-du-Pin me demandèrent de les compléter en offrant de prendre mon jeu. La partie se prolongea jusqu'à sept heures ; alors, saisi d'un sommeil invincible et voyant à peine mes cartes, je fis, avec tous les atouts en main, une renonce qui entraîna la perte de la partie. M. Potter était mon partner et ma faute lui coûtait quatorze mille francs; pour comble, les deux jeunes adversaires riant aux larmes, je fus pris moi-même d'une insurmontable gaieté. M. Potter ne proféra pas un reproche, et sa physionomie n'exprima pas le plus léger mécontentement.

Lui aussi se livrait parfois à de rares et bruyants éclats de rire; le ressort jouait, pareil à la détente d'un pistolet, et s'arrêtait à l'improviste. Aucun symptôme, aucune trace n'indiquait sur sa figure le passage de ces brusques accès d'hilarité. Sobre et patient il arrivait des premiers et attendait en parcourant les journaux le nombre de partenaires suffisant pour commencer son whist. Comme tous les hommes atteints de cette passion, après un certain temps, le sang lui montait à la tête, ses pieds se refroidissaient, il avait une chancelière pour combattre cet inconvénient.

Plus tard le stoïque vieillard rencontra de redoutables adversaires ; sa mémoire baissait, et il dut restituer avec usure la totalité de ses bénéfices ; mais son humeur ne changea pas.

Je serai bref sur les courses de la *Société d'encouragement*. Depuis 1834 la race des chevaux en France est-elle améliorée? Cela me paraît hors de discussion : le nombre des chevaux pur sang et demi-sang a centuplé. Les recettes de la Société à trois époques indiqueront avec l'éloquence des chiffres les développements de l'institution.

En 1838, elles s'élevèrent, avec la cotisation des membres et le produit des courses, à 46,545 francs.

En 1857, à 362,000 francs.

En 1867, année de l'Exposition, à 1,065,760 francs.

Je ne ferai à la naturalisation des courses en France qu'une seule objection. Je crains que l'invasion de cette habitude dans nos mœurs n'ait ressuscité dans les masses populaires, sous une forme plus attrayante, la passion de la loterie. Elles ne sont pas seulement un divertissement, un spectacle ; elles sollicitent le goût des paris. Indépendamment de la tentation pour chaque spectateur de parier avec ses voisins, il y a aujourd'hui à Paris vingt bureaux ouverts où, depuis un jusqu'à mille francs, le premier venu trouve des engagements pour toutes les courses en France et à l'étranger. Un seul de ces bureaux a rapporté l'an passé cent mille francs brut. N'est-ce pas avec les loteries pieuses sous le couvert de la religion, les obligations mexicaines patronées par nos ministres comme un placement de l'épargne des travailleurs, la loterie érigée en système, encouragée, nationalisée, et cela ne se combine-t-il pas à merveille avec l'arbitraire sous toutes les formes, le privilége des journaux non politiques, et cette méthode de gouvernement que deux mots résumaient sous l'empire romain : *Panem et circenses?*

Retournons aux premiers mois de 1835; dans le monde politique, de graves symptômes s'étaient produits. Depuis les journées d'avril la victoire monarchique, due à l'union intime du *pays légal* et du roi, était incontestable. Il s'agissait d'en recueillir les avantages. Pour la première fois, un désaccord se trahit entre le pouvoir royal et le pouvoir électif : sur la question d'intervention en Espagne, le roi et son ministre, M. Thiers, différaient d'opinion; le ministre insiste, offre sa démission, Louis-Philippe l'accepte, et réclame l'appui de la majorité parlementaire pour un nouveau cabinet composé d'hommes honorables, mais obscurs et dévoués. L'essai ne fut pas heureux; le ministère dura trois jours. S'avouant vaincu, le souverain s'empresse de rappeler M. Thiers, qui cette fois rentre avec M. Guizot,

l'amiral Duperré à la marine, et le maréchal
Mortier, président du conseil, aux affaires étrangères. Nullement ambitieux, le duc de Trévise
était plus que personne convaincu de son insuffisance à la tribune; il résigna bientôt des fonctions
dont il avait eu peine à se charger, et, malgré les
vives répugnances du monarque, MM. Thiers et
Guizot lui imposèrent une seconde fois le duc de
Broglie.

En juin, j'avais atteint les vingt-cinq ans pres-
crits par la charte pour siéger à la chambre
des pairs : mon admission eut lieu durant le jugement des accusés d'avril. Avant trente ans, un
pair ne pouvait ni voter, ni prendre part à un arrêt;
j'assistais néanmoins à la plupart des séances. Je
vis de la sorte les principaux chefs de l'insurrection
lyonnaise : la belle et mâle figure de Lagrange, le
type de l'enthousiaste politique; la physionomie
énergique, mélange de bonhomie et de finesse, du
gigantesque Caussidière; j'entendis l'éloquence
noble et simple de Baune. Je ne me doutais
guère alors, que treize ans plus tard, je me re-
trouverais en compagnie de ces trois hommes,
dans les bureaux du journal la *Réforme*, concer-
tant l'action contre le gouvernement qui confis-
quait le droit de réunion. Une heureuse évasion
de la plupart des accusés de Paris abrégea les débats.

Ce drame terminé, j'avais repris mes habitudes

d'insouciante oisiveté, quand, le 28 juillet, un autre drame plus terrible répandit l'épouvante dans la capitale. Depuis un certain temps des rumeurs sinistres, des renseignements, mais des renseignements incomplets, étaient parvenus à la police et au ministère de l'intérieur; on avait parlé de machine infernale, et en dernier lieu, le 27, on avait indiqué le boulevard du Temple comme le lieu présumé de l'attentat.

En dépit de l'intelligente activité de M. Thiers et de toutes les précautions combinées, le 28, vers midi, au moment où, sur le boulevard du Temple, le roi, suivi de deux de ses fils, de ses ministres et des principaux dignitaires de l'État, se penchait sur son cheval pour recevoir une pétition, un nuage de fumée bleuâtre s'échappait de la fenêtre du n° 50, une détonation éclatait, semblable à un feu de peloton, de nombreuses victimes, en tête desquelles le maréchal duc de Trévise, tombaient autour du monarque, admirable de courage et de sang-froid.

L'indignation contre les assassins, l'enthousiasme pour celui qui avait échappé à leurs coups animaient la population. Toutefois, ce premier élan passé fit place à de tristes réflexions. Non plus que le roi, aucun de ses fils n'avait été atteint, mais il était évident que, dans les bas-fonds des partis vaincus, quelques hommes avaient voulu par un crime en finir avec la dynastie.

Le résultat fut double : au dehors il sema l'a-
larme, et en montrant son instabilité, il fut une
cause de faiblesse pour le gouvernement français
vis-à-vis des souverains étrangers ; à l'intérieur il
poussa à l'excès la politique conservatrice ; il en-
couragea le roi et ses ministres à obtenir des lois
de circonstance contre des libertés gênantes,
comme toutes les libertés, mais utiles à l'avenir
d'une dynastie constitutionnelle. Ce fut une faute
du pouvoir et une honte pour M. Thiers, que l'arrestation non motivée d'Armand Carrel au lendemain de l'attentat : une mesure aussi grave ne
devait être prise que sur des présomptions bien
établies, des indices certains.

Du reste, ce n'est pas le seul reproche que
j'adresse au ministère de cette époque ; il mérite
un blâme plus sévère encore pour n'avoir pas osé,
sans tenir compte des noms, des situations et des
partis, éclairer à fond ce ténébreux complot.
L'histoire rend témoignage qu'à Berlin et dans
d'autres cours de l'Europe on était averti. A qui
fera-t-on croire que l'assassin gagé, le corse Fieschi, le bourrelier Morey, l'épicier Pepin aient été
en rapport direct d'informations avec la diploma-
tie étrangère ?

Le jugement n'eut lieu qu'en février 1836 ;
pourtant j'ai hâte de dire mes impressions comme
assistant aux débats, afin de n'y plus revenir.
Elles furent pénibles ; j'étais humilié de la jactance

impunie, de la familiarité tolérée du plus vil des
misérables, dirigeant les interrogatoires, couchant
en joue le président Pasquier, aux éclats de rire
de l'assemblée. « Je suppose, monsieur le président, que vous soyez un canard ; » j'étais indigné,
moi, jeune et ardent au plaisir, de la frivolité ca-
duque de quelques-uns de mes collègues se pâmant
d'aise aux bouffonneries de l'assassin, se disputant
ses autographes, ou lorgnant sa Nina Lassave.
Je souffrais aussi des pleurs, des protestations
pitoyables et désespérées de Pepin. Seule, la physionomie froide, inflexible, impénétrable de Morey
me causait un intérêt curieux, passionné ; je n'en
détachais pas mon regard, je l'étudiais sans cesse,
car il était le secret. Le trait suivant que je tiens
du docteur Serres, appelé à soigner les prisonniers, donnera la mesure de sa tranquille énergie :
pour être plus sûr de son mutisme, se méfiant
même de *soi*, il avait essayé avant les débats de
se laisser mourir de faim ; durant trois jours, il
avait réussi à se priver de nourriture en trom-
pant la surveillance des gardiens. Son extrême
faiblesse le trahit ; sur son refus obstiné de
prendre aucun aliment, on fut obligé de lui ingur-
giter de force, à l'aide d'un entonnoir, une quantité de bouillon suffisante pour prolonger sa vie.
Fieschi, Pepin et Morey, condamnés à mort, furent
exécutés.

Encore à cette heure, ma conviction est que la

tête de Morey en tombant a dû soulager la poitrine oppressée de plus d'un complice.

Longtemps avant que les coupables eussent porté la peine de leur forfait, le gouvernement avait résolu de recourir à des mesures restrictives des libertés publiques. Dès le mois de septembre, le duc de Broglie présente trois projets de loi :

1° Sur les cours d'assises, autorisant, à l'égard des citoyens accusés de rébellion, chaque procureur général à abréger les formalités de la mise en jugement, les présidents à faire enlever de force les accusés qui troubleraient l'audience et à CONTINUER LES DÉBATS EN LEUR ABSENCE.

2° Sur le jury, ordonnant le vote secret, réduisant la majorité pour la condamnation de HUIT A SEPT VOIX, et aggravant la peine de la déportation.

3° Contre la presse, punissant de la détention et d'énormes amendes toute attaque contre le roi et la forme monarchique, DÉFENDANT D'OUVRIR DES SOUSCRIPTIONS EN FAVEUR DES JOURNAUX CONDAMNÉS, établissant la censure des gravures, lithographies et pièces de théâtre.

La majorité parlementaire, non contente de s'associer à ces lois, aggrava la dernière en élevant de 48,000 fr. à 100,000 fr. le cautionnement des journaux.

Le ministère, fort et compacte en apparence, n'avait qu'à refréner le zèle de ses partisans. Par

une singularité sans précédent, le 14 janvier 1836,
le ministre des finances, M. Humann, n'ayant
consulté ni prévenu aucun de ses collègues,
monte à la tribune, et déclare, à propos du budget de 1837, que le moment est venu de réduire
l'intérêt de la dette publique; c'était en d'autres
termes annoncer la conversion des rentes. L'irritation du président du conseil fut extrême ; il crut,
et le public avec lui, que ce coup imprévu, mortel
au cabinet reconstitué du 11 octobre, était spécialement dirigé contre sa personnalité. Dès lors, le
faisceau fut rompu, et des questions de rivalité
habilement exploitées entre MM. Thiers et Guizot
permirent au roi d'avoir, selon ses besoins, plusieurs ministères de rechange : au 22 février
M. Thiers, au 6 septembre MM. Guizot et Molé,
enfin le 15 avril 1837 M. Molé seul.

Mais il nous faut revenir en arrière, car l'année 1836 a été féconde en tristes événements.

Un an ne s'était pas écoulé depuis l'explosion
de la machine infernale allumée par Fieschi,
quand, le 25 juin, au moment où le roi sortait en
voiture par le guichet du Carrousel, un jeune
homme, armé d'un fusil-canne, tira sur lui sans
l'atteindre. Le coupable, arrêté sur-le-champ, se
nommait Alibaud; il était de famille honorable et
pauvre. L'ignorance, une éducation perverse ne
l'avaient pas poussé au crime; en fouillant ses
antécédents, le ministère public ne parvint à y dé-

couvrir aucune tache : seul, le fanatisme politique avait dirigé son bras. Traduit devant la cour des pairs, il fut justement condamné : comme Fieschi, Pepin et Morey, il subit la peine capitale.

Cependant, je ne pus m'empêcher de penser qu'un acte de clémence du souverain eût été plus digne et plus habile, il aurait rompu la chaîne des régicides. Cette fois personne n'avait été victime de l'attentat, et en le commettant, Alibaud avait fait le sacrifice certain de sa vie ; aucun vil calcul d'intérêt ou d'ambition personnelle ne lui était imputable. C'est mal connaître la nature humaine que de supposer qu'il aurait pu abuser de sa grâce pour recommencer : l'eût-il dit, je ne le croirais pas. Il aurait été retenu par la conviction du mépris universel.

XVII

MORT D'ARMAND CARREL. — ÉMILE DE GIRARDIN.

Le 24 juillet 1836, nous revenions d'une joyeuse partie de campagne quand, à Saint-Mandé, notre voiture fut arrêtée par un enterrement. Les amis du défunt étaient nombreux, la tristesse était profonde sur tous les visages; j'en reconnus un et lui demandai comment s'appelait celui qui était accompagné de tant de regrets : il me nomma Armand Carrel. Absent depuis plusieurs jours, j'avais ignoré le duel, ses causes et sa fatale issue. Le contraste entre la mort du chef du parti républicain et la gaieté de mes passe-temps rendit la transition plus dure; quoique je n'eusse pas le droit de me dire son ami, il suffisait de l'avoir connu pour que sa perte fût amère : fort peu d'hommes ont par leur caractère, leurs écrits, leur parole, souvent à simple vue, inspiré autant de sympathie.

Il commandait l'estime; forcés de respecter sa probité, son honneur, ses ennemis se sont rabattus sur l'accusation banale d'ambition, comme si l'ambition n'était pas la qualité, précieuse à tous, d'un grand talent et d'un grand caractère. Mais à une mémoire illustre je dois la vérité, non une apologie.

A trente ans de distance, je veux essayer d'être juste envers ce noble par excellence, dont la généalogie commence et finit avec lui. Né avec le siècle, de famille bourgeoise, à Rouen, en 1800, il surmonte la répugnance de ses parents et se fait recevoir à Saint-Cyr. Sa fière indépendance éclate dans sa réponse au directeur de l'école, qui le menaçait de le renvoyer mesurer de la toile dans la boutique de son père.

— Mon général, si jamais je reprends l'aune de mon père, ce ne sera pas pour mesurer de la toile.

Sorti officier, il se mêle aux conspirations bonapartistes : ainsi on le voit d'abord libéral-napoléonien, il est le type agrandi de sa génération, mais il ne se sépare pas encore de ses préjugés et de ses inconséquences.

En 1823, en prévision de la guerre d'Espagne, il donne sa démission, vole au secours de la liberté menacée par l'intervention française, s'enrôle à Barcelone sous-lieutenant dans un bataillon de volontaires, Français comme lui. Il est à la Bidassoa sous les ordres du colonel Fabvier lorsque celui-ci, s'abusant sur l'effet du drapeau tricolore, le déploie vainement en face de notre armée (1). Il affronte les fatigues et les dangers de cette lutte impossible ; enfin, à Figuières, après la mort du brave colonel Pachiarotti, et deux jours d'une résistance désespérée, il obtient du général baron de Damas une capitulation honorable pour le reste de sa petite troupe et la promesse verbale de procurer des passe-ports aux prisonniers, s'il ne peut empêcher qu'ils soient traduits devant un conseil de guerre : promesse bientôt oubliée, car ils furent jugés et condamnés à mort. Pendant les interminables lenteurs de leur pourvoi en cassation, sa fermeté ne faiblit pas un instant : il donne là un des premiers exemples de ces généreux dévouements qui lui ont été si familiers : un jour, se penchant vers son défenseur Romiguières, afin de n'être pas entendu de ses compagnons : « Je voudrais mourir pour eux, » dit-il. Quelques jours après ils sont acquittés.

Carrel, arrivé à Paris, brouillé avec sa famille, subit les épreuves de la gêne et les excessives difficultés de vivre en travaillant en dehors des carrières tracées. Secrétaire d'Augustin Thierry, saint-simonien, associé à une entreprise de librairie, il ne peut ni se plier à une existence su-

---

(1) Voir *Études et portraits politiques*, par M. P. Lanfrey.

balterne, ni devenir l'apôtre d'une religion industrielle, encore moins a-t-il l'esprit des affaires.
Ses premiers ouvrages ne le révèlent pas d'abord,
mais dès qu'il touche à la politique il se sent sur
son terrain. Ses deux articles de 1828 sur la guerre
d'Espagne le signalent à l'attention publique;
d'autres écrits leur succèdent; uni à MM. Thiers
et Mignet, il fonde *le National*.

Chacun sait la polémique ardente autant qu'habile de cette feuille contre la branche aînée des
Bourbons. Aux ordonnances de Juillet, Carrel et
ses deux amis répondent en signant la protestation des journalistes.

La révolution s'accomplit. *Le National*, le premier, indique et soutient la dynastie d'Orléans;
Louis-Philippe est sur le trône. Carrel, chargé
d'une mission dans l'Ouest, la remplit heureusement; à son retour, le Gouvernement, où MM.
Thiers et Mignet ont déjà trouvé leur place, lui
fait offrir par M. Guizot, ministre de l'intérieur,
la préfecture du Cantal; proposition dérisoire,
contraire à ses aptitudes, à ses goûts, et qu'il ne
pouvait accepter. Néanmoins, pendant les premiers mois, resté à la tête du journal, il continue
à prêter au roi un appui indépendant. Son blâme
éclate sur la question de la guerre ou de la paix; il
s'indigne des complaisantes avances, des conces-
sions excessives de la monarchie de Juillet vis-à-
vis des souverains absolus. La scission se fait,

par degrés, également sur la politique intérieure
les dissentiments s'aggravent ; son opposition,
d'abord dynastique, devient radicale ; enfin, en
janvier 1832, il écrit sa profession de foi républicaine, juste sujet d'alarme pour les partisans
de la dynastie. Je ne sais s'ils sentirent alors la
perte irréparable qu'ils venaient de faire. A mon
avis, ses qualités auraient été mieux adaptées au
pouvoir qu'à l'opposition : d'une mâle éloquence,
énergique, libéral autoritaire, ayant foi dans l'armée contre une coalition européenne ou contre
une insurrection populaire, il aurait été un premier ministre supérieur à tous ceux qui ont soutenu la royauté orléaniste, à la double condition
que Louis-Philippe n'eût pas revendiqué le gouvernement personnel, et eût admis l'hypothèse de
la guerre contre les despotes étrangers.

De son côté, Carrel, lorsqu'il se déclara contre
la monarchie, avait-il entrevu toutes les conséquences de sa résolution ? avait-il mesuré la grandeur des obstacles, les longueurs inévitables, les
dégoûts, les progrès insensibles de la tâche qu'il
allait entreprendre ? Les fréquents décourage-
ments de cet esprit, pour qui l'action rapide était
un besoin, m'autorisent à en douter.

Accueilli par les défiances de ses nouveaux coreligionnaires, jalousé par de médiocres ambitieux, bientôt il fournit un admirable exemple du
courage le plus rare : le président du conseil, Ca-

simir Périer, ayant décrété le droit du pouvoir
d'appliquer aux délits de la presse les arrestations
préventives, dans un article signé, Carrel lui an-
nonce l'intention de repousser la force par la force,
et le met au défi d'entreprendre un pareil acte d'il-
légalité sur sa personne. Le succès de sa légitime audace, ses éminentes facultés en font dès
lors, et jusqu'à sa mort, le chef du parti républicain; mais des défauts essentiels l'empêchèrent
de le conduire à la victoire. Celui qui domine
tous les autres, le militarisme, né de son éducation napoléonienne, lui donne, outre les susceptibilités du point d'honneur, un injuste dédain de
son parti; en dépit de ses convictions républicaines, il n'admet pas le succès du *pékin* contre le
soldat qui a la puissance de l'uniforme et de la
discipline. En 1823, lorsqu'il luttait jusqu'à la
dernière heure contre l'armée française venue en
aide à l'armée de la Foi, il n'avait derrière lui
qu'une poignée de soldats, mais c'étaient des soldats; en 1830, tant que dure le combat des trois
jours, il se promène au milieu des barricades, une
badine à la main, jouant avec la mort, mais ayant
avec lui tout un peuple contre des troupes réglées,
il ne croit pas au succès de la résistance; bien
plus, l'aveuglement de sa passion militaire n'est
pas modifié par la victoire. En 1831, quand, à la
nouvelle de la prise de Varsovie, la nation frémit
de nouveau, au 5 et 6 juin 1832, quand la troupe.

depuis sa défaite, est pour la première fois sur le point de recommencer la lutte, qu'elle hésite, que le ministre de la guerre balance, qu'un aide de camp du maréchal vient aux bureaux du *National* pour conférer avec lui, il persiste à s'abstenir, ne pouvant empêcher le combat. Même conduite en avril 1834.

Cette erreur funeste prête parfois à son ferme caractère l'apparence de l'irrésolution. S'agit-il au contraire de son action individuelle, isolée, il n'est que trop prompt à sacrifier sa vie : en 1823, à Toulouse, pour le salut de ses co-accusés; en 1830 et 32, pour la défense du droit des écrivains. Malheureusement, il la prodigue aussi pour les plus subtiles délicatesses du point d'honneur : en 1833, il accepte une rencontre avec M. Laborie, un des preux de la duchesse de Berry, et reçoit une première blessure. Trois ans plus tard, nous le verrons, sans nécessité, exiger une réparation par les armes de M. de Girardin.

J'ai démontré comment le militarisme lui ôtait toute foi aux chances de son parti dans la lutte des rues contre la troupe; d'accord avec les siens pour l'abolition de la monarchie, il en différait essentiellement sur les principes du gouvernement qui devait la remplacer.

Il lui avait fallu un travail de sa volonté pour se défaire de ses préjugés en faveur de la dictature militaire; c'est à force d'intelligence et par

une étude approfondie de la constitution améri-
caine qu'il était arrivé à conquérir les saines idées
de liberté; il repoussait d'autant plus énergiquement la dictature révolutionnaire, qui était alors
le moyen suprême exigé par presque tous ceux
qui marchaient derrière lui.

Sans doute, après s'être converti lui-même,
rien n'eût été plus utile et plus beau que d'amener
graduellement la démocratie au culte de la liberté.
On peut imaginer par la pensée que si sa vie n'a-
vait pas été tranchée, il aurait accompli cette
tâche immense, de telle sorte qu'en 1848, à
l'heure où la couronne tombait, il y aurait eu un
peuple prêt pour la république et un homme capable de le gouverner. Mais, en 1836, combien
Carrel était loin de ce rêve! Jamais ses efforts ne
lui avaient semblé plus vains, ses peines plus in-
fructueuses; il succombait, inférieur à sa tâche,
désespérant des autres et de lui-même.

J'ai cité les paroles de glace par lesquelles il
calmait, dès 1831, mes aspirations républicaines;
dans la suite il empêcha bien d'autres adhésions
que la mienne, et plus importantes. Sur ce point,
les témoignages abondent : c'est le grand proscrit du 2 Décembre, Victor Hugo, m'écrivant de
Guernesey : « J'ai connu Carrel tel que vous le
dépeignez; il a fait aussi ce qu'il a pu pour m'é-
loigner de la république. »

Depuis plusieurs années déjà, le rédacteur du

National et l'orateur légitimiste avaient eu des relations réciproquement bienveillantes. En 1836, ils se rencontrent :

— J'aurais besoin, dit Carrel, de causer à l'aise longuement avec vous ; il faut trouver un lieu retiré.

— Mais, de ma part, répond Berryer, je n'apporte aucun mystère à l'entretien.

— Il n'en est pas ainsi pour moi ; mon parti est ombrageux. Vous connaissez Élisa R*** ; je vais lui demander pour demain soir une tasse de thé et la solitude.

Ainsi fut fait ; la belle personne les laissa dans un tête-à-tête qui se prolongea de neuf heures à minuit.

Le chef radical se répandit en propos amers sur sa lassitude et son découragement.

— Les hommes que je parais diriger ne sont pas mûrs pour la république ; aucun esprit politique... aucune discipline...... Nous commettons faute sur faute. Enfin, s'écria-t-il, je suis réduit au rôle de marteau ; on se sert de moi pour frapper ; marteau pour briser, je ne puis rien édifier... L'avenir ! il est trop lointain pour que je l'atteigne.

Le surlendemain de cette triste et notable conversation avait lieu le duel entre Armand Carrel et le rédacteur en chef de *la Presse*, Émile de Girardin. Dans son *Histoire de dix ans*, Louis Blanc

en a raconté les péripéties, la sanglante issue,
avec la précision, la chaleur de cœur d'un homme
qui fut témoin de l'agonie du plus illustre parmi
les républicains.

La polémique acerbe des deux journaux fut l'occasion, non le motif, de la querelle; tout au plus
fit-elle déborder l'irritation que Carrel renfermait
en lui. Les calomnies dont il était abreuvé, même
par les siens, son indigne arrestation après l'attentat Fieschi, les mesquines persécutions du pouvoir lui avaient donné un dégoût violent de la vie ;
la condamnation et les amendes répétées à la
suite des lois de septembre, en compromettant
l'existence de la feuille qu'il dirigeait, devaient
lui faire craindre la suppression de la seule arme
de guerre encore puissante entre ses mains. Qui
sait où s'arrêtèrent les suppositions de son imagination assombrie, mal protégée par une ignorance volontaire des questions d'argent? si dans
l'établissement de la presse à bon marché, réduisant de moitié le prix de l'abonnement, il ne soup-
çonna pas une machination spécialement dirigée
contre lui? Quoi qu'il en soit, la mort ne laissa pas
à sa loyauté le temps de revenir de son erreur.
Aux yeux d'amis ardents, inconsolables de sa fin
prématurée, implacables dans leur haine pour
l'homme qui l'avait causée, cette erreur acquit la
force de l'évidence ; ils voulurent voir dans M. de
Girardin un instrument du pouvoir à la tête d'une

spéculation fictive, couvrant une manœuvre dont celui qu'ils adoraient avait été la victime désignée; pour venger le plus généreux, le plus clément des hommes, ils poursuivirent sans relâche, et par tous les moyens, celui qui, dans un combat loyal, blessé lui-même, l'avait atteint mortellement.

Dans une sincère appréciation du beau caractère de Carrel, j'ai signalé à l'admiration l'éducation libérale qu'il s'était faite à lui-même avant de tenter celle de son parti. Je n'ai caché aucun des préjugés qu'il tenait de l'époque où il était né : comme tous les hommes politiques qui l'avaient précédé, et presque tous ceux de sa génération, il resta indifférent ou hostile aux questions d'économie sociale et d'intérêt matériel; aussi a-t-il été l'honneur, la gloire du parti démocratique, il n'en a pas été la pensée. Dans la famille des esprits illustres, il m'apparaît comme un fils de Chateaubriand; avec lui finit l'ère chevaleresque du dévouement, du désintéressement. Celle de l'utilitarisme lui succède.

Il est difficile de juger les morts; néanmoins on peut en dire le mal, et aussi le bien qu'on en pense; à l'égard des vivants, la critique peut passer pour de la rancune, l'éloge pour de la complaisance : d'ailleurs ils n'ont pas dit leur dernier mot.

Malgré ces désavantages, j'entreprends le portrait d'Émile de Girardin. Né six ans après Car-

rel, combien il est éloigné de lui dans le monde
des idées ! Rien de plus aisé que de mettre en
relief le contraste des deux natures : l'un attirait
d'abord la sympathie, imposait la confiance, inspirait l'enthousiasme ; l'autre, à première vue,
par ses dehors froids, son aspect concentré, éveille
l'inquiétude ; on se sent en présence d'une force
latente dont on ignore les tendances bonnes ou
mauvaises ; l'un avait la fierté, l'autre a l'orgueil ;
l'un l'incapacité dédaigneuse des questions d'argent, l'autre le génie des affaires ; pourtant ils ont
en commun la résolution, l'intrépidité, et ces
traits singuliers de ressemblance que tous deux
ont conquis par l'intelligence : l'un ses principes
de liberté, l'autre ses idées de moralité ; enfin,
tous deux sont restés journalistes, sans avoir jamais pu donner la mesure de leurs facultés dans
le gouvernement de leur pays.

La naissance d'Émile, le milieu où il a été élevé, les premières impressions de son enfance et
de sa jeunesse sont indispensables à connaître
pour qui veut pénétrer cette nature complexe. Fils
adultérin de Marie Fagnan, femme de M. Dupuy,
conseiller à la cour royale de Paris, et du général comte Alexandre de Girardin, il est inscrit sous
le nom d'Émile de Lamothe. Jusqu'en 1814 il est
l'objet des soins les plus tendres de sa mère et de
son père, qui le traite en futur héritier.

Avec la rentrée des Bourbons, la liaison dont

il est né se rompt; le général, rallié au gouvernement nouveau, épouse mademoiselle de Vintimille, et sacrifie à cette union l'enfant illégitime. Pour sa mère il n'est plus qu'un regret amer du passé, un remords qu'elle voudrait chasser; elle le déporte dans un village de Normandie, chez un palefrenier du haras du Pin, chargé, moyennant 1,200 fr. par an, de son éducation. Parmi les hommes supérieurs on en citera, comme Proudhon, dont l'enfance a été plus pauvre, ou qui ont été abandonnés, ainsi qu'Émile, comme d'Alembert; mais Proudhon avait la famille, d'Alembert n'avait jamais vu la sienne; aucun autre n'a subi cette dureté du sort de tomber, à huit ans, en pleine connaissance, de la tendresse à l'indifférence, à l'aversion; de quitter un entourage de gâteries et de caresses pour la solitude, sous une surveillance mercenaire. Un si cruel contraste devait serrer jusqu'à l'étouffer le cœur de la vicme, le rendre à jamais incapable d'aimer, ou si ce cœur était trop vivace pour succomber, le nourrir d'amertume, y développer une sensibilité cruelle, incurable. En le dépaysant, en le condamnant à l'ignorance et à la pauvreté, ses parents avaient espéré lui faire perdre leurs traces. Tentative insensée! à huit ans il est des souvenirs ineffaçables.

D'ailleurs, on ne prévoit pas tout : à peu de distance du village s'élevait le château de M. Dubourg, dont une fille, marraine d'Émile, devint plus tard madame de Varaignes; il eut ses entrées dans la maison. Sans autre moyen d'instruction, il dévora d'abord instinctivement tous les livres de la bibliothèque, composée presque en entier de romans. C'est encore là qu'à dix-sept ans il connaît madame de Senonnes; cette dame s'intéresse à lui, l'emmène à Paris, et son mari, secrétaire général de la maison du roi, lui obtient une place sous ses ordres. Peu après, M. de Senonnes ayant été révoqué de ses fonctions, Émile crut devoir l'accompagner dans sa disgrâce.

Même en 1825, 1,200 francs de rente sur les fonds espagnols ne suffisaient pas pour vivre à Paris. Il est commis chez un agent de change, joue à la Bourse, perd la moitié de son petit capital et quitte son emploi. Il veut s'engager : on le déclare trop faible pour le service.

Alors, retiré dans une petite chambre, au rez-de-chaussée de la maison n° 28, avenue des Champs-Élysées, il jette au hasard sur le papier les ressentiments de son cœur, le souvenir toujours présent d'un inique abandon, ses révoltes contre une société qui, en laissant les coupables impunis, réserve le châtiment à la victime. Auprès des femmes seulement il a trouvé de la sympathie: c'est à une Mathilde imaginaire qu'il adresse ses confidences. En relisant ces feuilles éparses, la pensée lui vient de les publier; avec l'appui d'un

courageux éditeur, l'ouvrage parut sous le titre
d'*Émile*. Succès aussi grand qu'imprévu; J. Janin, bien jeune, mais déjà célèbre, toujours prompt
à découvrir le talent, qualifie cette étude intime
de chef-d'œuvre : l'auteur pénètre dans le monde
littéraire par la brèche qu'il a faite.

Son livre eut encore un autre résultat : un matin, le portier du n° 28 entre en grande tenue chez
son jeune locataire.

— Monsieur, je marie ma fille; j'ose vous prier
de vouloir bien lui servir de témoin. D'ailleurs,
monsieur, quoique je ne sois qu'un simple concierge, mademoiselle Horn, du premier, consent
à être sa demoiselle d'honneur.

Émile accepte, la cérémonie a lieu; madame
Horn et sa fille, Anglaises d'une beauté rare, l'invitent à prendre le thé. Peu à peu, les relations
deviennent journalières : elles avaient lu *Émile,*
il était leur héros.

Un soir, vers minuit, on frappe à sa porte :

— Qu'est-ce?

— Clémentine.

— Qu'y a-t-il?

— Ma mère est blessée; ma mère se meurt.

Quel homme de vingt ans aurait réfléchi avant
de porter secours? Mais le malheur lui a inculqué
la prudence : il prend la précaution d'un témoin,
et ne monte qu'accompagné du père Barillé, son
concierge.

Madame Horn, en dépit d'elle-même, rivale de sa fille, n'ayant ni assez d'abnégation pour la marier à Émile, ni assez de fermeté pour renoncer à des visites qui lui étaient chères, avait cherché une diversion dangereuse dans l'ivresse. Ce soir là, sous l'influence violente des spiritueux et de la jalousie, après s'être emportée jusqu'à frapper sa fille, elle s'était blessée d'un coup de couteau. On la secourut, la soigna, mais le lendemain, Émile, donnant congé de sa chambre, allait loger rue Saint-Nicolas.

Depuis plusieurs mois, il n'avait revu ni la mère ni la fille quand Barillé arrive chez lui.

— Monsieur, lui dit ce brave homme, les choses ont bien empiré depuis votre départ : mademoiselle Clémentine ne peut plus résister aux mauvais traitements de sa mère, qui est à présent plus d'à moitié folle ; elle a absolument besoin de vous.

— Mais, père Barillé, comment puis-je lui venir en aide ?

— N'importe, monsieur, elle a fait ses paquets, et elle vous attend en bas dans un fiacre.

Émile descend, se fait conduire chez sa marraine, madame de Varaignes, et tous deux mettent Clémentine en pension. Il écrit à Londres à M. Horn, qui, plein de reconnaissance, vient aussitôt prendre sa fille. Ce simple trait montre l'expérience précoce acquise par celui qui n'a eu pour instituteur que l'adversité, pour conseiller que la réflexion ; car Émile, lorsqu'il calcule ainsi ses moindres démarches, en est à son premier amour ; un mutuel attachement dont quelques lettres sont aujourd'hui le seul témoignage. Dans l'une d'elles, la belle étrangère, pour rendre sa passion, a créé un néologisme qu'on est heureux d'avoir inspiré : *Je t'idolise.*

« La vie est un combat. » Ces paroles semblent écrites à l'intention d'Émile : sans soutien, il a dès l'abord à lutter contre deux familles puissantes et la vigilante antipathie d'une belle-mère. La recherche de la maternité est autorisée, mais si graves que soient les torts de sa mère, il suffit qu'elle soit femme, il n'usera pas du droit que la loi lui accorde. En revanche, le jour de sa majorité, il adresse au comte de Girardin une lettre ferme et respectueuse, lui demandant un entretien. En présence de ce père sans mémoire, il lui rappelle les souvenirs vivants de son enfance : le général persiste à ne pas le reconnaître.

— Je veux, dit Émile, prendre votre nom, qui est le mien.

— Je m'y oppose.

— Soit ! Faites-moi un procès.

Dès lors il signe Émile de Girardin. Il poursuit sa vengeance comme on poursuit un amour, une noble vengeance. Son plan est fait ; il se dit en songeant à son père : « Vous m'avez abandonné, je vous forcerai à être fier de moi ; je serai riche, influent, je parviendrai ; je vous prêterai l'aide que vous me deviez ; je protégerai votre ambition ; je vous ferai député, pair de France. » Ce rêve sera un jour réalisé ; mais, à cette heure, à l'exception de la volonté, tout lui manquait.

Parmi les journalistes habitués du Café de Paris, j'ai déjà cité Lautour-Mézeray, Normand, un peu plus âgé qu'Émile de Girardin. Il avait été son compagnon d'enfance ; en lisant dans les feuilles politiques le succès littéraire de son ami, il était accouru de sa province, certain d'arriver avec lui à la fortune. S'il parlait mal, s'il était brouillé avec l'orthographe, son ignorance ne nuisait en rien à son aplomb. Il voulait avec ténacité devenir journaliste : Émile l'ayant présenté inutilement à la rédaction de divers organes de la publicité :

— Je ne vois plus qu'un moyen, lui dit-il, de contenter ton envie ; c'est de fonder nous-mêmes un journal.

— Pourquoi pas ?

— Mais l'argent ?...

Après beaucoup de combinaisons impossibles, ils eurent l'idée d'une feuille qui reproduirait les meilleurs articles de tous les journaux.

— Quel titre lui donner ?

Lautour proposa : *La Lanterne magique.*

— Non : nous n'aurions pour abonnés que des

enfants. Notre chance de succès est d'avoir le courage d'être vrais; prenons pour titre : *Le Voleur*.

Henri Monnier, le dessinateur en vogue, leur fait la vignette, au-dessous de laquelle il inscrit les vers de Voltaire :

Au peu d'esprit que le bonhomme avait
L'esprit d'autrui par complément servait;
Il compilait, compilait, compilait.

Les futurs rédacteurs l'invitent à déjeuner pour la semaine suivante. Émile réussit à emprunter cinq cents francs, à peine de quoi imprimer le premier numéro; aussi se garde-t-il bien de les employer en frais d'impression; IL PLACE LA TOTALITÉ DE LA SOMME EN ANNONCES. Les abonnements pleuvent; le jour où Henri Monnier se rendait à leur invitation, ils avaient déjà reçu par la poste une dizaine de mille francs : je laisse à juger si le déjeuner fut gai. Six mois après, *Le Voleur* tirait à 2,500, rapportant par an 50,000 fr. net à ses fondateurs. Que ceux qui ont connu Lautour-Mézeray se le représentent le jour de l'inventaire, incapable de faire une multiplication, couché sur une main de papier dont il joint les feuilles par des pains à cacheter, sur une interminable colonne se livrant à d'interminables additions, et répondant sans s'émouvoir aux railleries de son co-intéressé : « Chacun a sa manière de procéder. »

Pareil accueil du public à une autre création de Girardin : le journal *La Mode*. Il touchait à la richesse, quand survient la révolution de Juillet : tout est à recommencer.

Dans le salon de madame Sophie Gay, Émile voyait sa fille Delphine, belle et poëte; un mariage d'inclination les unit, le 25 juin 1831. Tout compte fait, *Le Voleur* et *La Mode* vendus, la corbeille payée, il restait aux nouveaux mariés une trentaine de mille francs : il fallait aviser. Émile obtient de Casimir Périer la promesse d'être sous-préfet à Langres; mais le ministre, voisin et ami du général de Girardin, cédant à l'intercession hostile de la comtesse, revient sur son engagement. Forcé de renoncer à la carrière administrative, le sous-préfet, préventivement disgracié, cherche une autre voie.

Il n'est pas une entreprise de Girardin qui n'ait pour fondement une idée juste, un besoin public à satisfaire; ses moyens sont le bon marché, la publicité. Il invente le *Journal des connaissances utiles*, « enseignant à chacun ses droits, ses devoirs, ses intérêts, » prix 4 francs par an. IL DÉPENSE SANS HÉSITER TOUT SON AVOIR EN ANNONCES. En un an 230,000 abonnés : une fortune est sa récompense. D'autres entreprises: l'*Amanach de France*, tiré à 1,300,000 exemplaires, l'*At-*

las universel, le *Journal des Instituteurs pri-
maires*, etc., etc., viennent constater la puissance
du bon marché. Ses idées se généralisent; s'élevant de la spéculation individuelle à l'intérêt collectif, il propose à M. Conte, directeur général
des postes, la suppression des onze zones, rem-
placées par l'abaissement et l'égalité de la taxe
des lettres; son plan, traité de chimérique et
d'impraticable, est adopté huit ans plus tard en
Angleterre, d'où il revient en France avec la
sanction du succès.

Émile peut maintenant pr   'der à l'exécution
des projets de généreuse vengeance qu'il a conçus
à l'égard de son père : il a fondé l'institut agri-
cole de *Coëtbo*, trente-quatre caisses d'épargne
dotées à ses frais de 13,600 francs; mettant à
profit jusqu'à la date incertaine de sa naissance,
en 1834, à l'âge de 28 ans, il est nommé, à la
presque unanimité, député de Bourganeuf, et
prend place au centre gauche de l'assemblée. Il
trace en ces termes la ligne qu'il suivra : « Aider
le gouvernement dans tout le bien qu'il veut faire,
l'arrêter dans tout le mal qu'il peut faire. » Il
parle et vote contre les lois de septembre, de non
révélation, de disjonction.

Là s'arrêtent pour lui les faveurs de la fortune:
sa première proposition économique, la réforme
postale, avait été repoussée comme l'utopie d'un
cerveau malade; la réduction démocratique du

prix des journaux à 40 francs lui suscita des ennemis acharnés.

Par une anomalie singulière, les premières hostilités contre l'idée nouvelle vinrent du camp républicain.. La rédaction du *Bon Sens* commença
l'attaque. J'ai déjà dit comment Carrel, circon-
venu, fourvoyé par la situation précaire de
son journal, avait vu dans cette innovation la
perte de la dignité, de l'indépendance de l'é-
crivain ; comment, préoccupé de l'invasion du
mercantilisme par la nécessité des annonces, il
avait négligé la considération libérale, toute-puis-
sante, de l'immense accroissement des lecteurs.
La mort de cet homme héroïque fut le signal
d'une guerre à outrance contre son adversaire :
on abusa du malheur de sa naissance pour contester au rédacteur de la *Presse* sa nationalité;
on fouilla sa vie; provocations, insultes, procès,
rien ne lui fut épargné.

Malgré l'habile et énergique appui qu'il avait
prêté au ministère du 15 avril, les haines amas-
sées contre Girardin étaient si redoutables, si en-
venimées, que le président du Conseil, comte
Molé, n'osa lui confier aucune fonction dans
l'État, mais il était heureux de s'acquitter envers
lui en faisant nommer pair de France le général
Alexandre de Girardin. Cette fois encore, sa
femme, la belle-mère d'Émile, informée à temps,
voulant, à tout prix, éviter la reconnaissance du

père envers son fils, empêche, par ses démarches, la nomination.

Les ministères se succèdent. De 1841 à 46 le directeur de la *Presse* donne son concours au cabinet dont M. Guizot est le chef. Sous une administration opposée à l'extension des droits politiques, mais soi-disant favorable aux améliorations matérielles, Girardin a l'espoir d'occuper dans le gouvernement un poste qui lui permettra d'exécuter quelques-unes des réformes qu'il médite ; il poursuit aussi avec passion le contentement des désirs secrets de son père. Sa double ambition n'est satisfaite qu'à demi : le progrès est la devise menteuse du ministère, en réalité le *statu quo*, l'inertie ; seulement le général de Girardin sera pair de France. Le légitimiste rallié est reçu en audience du roi ; mais une parole blessante de M. Guizot, faisant de sa nomination un marché, irrite le général, déjà aigri par les suggestions de l'implacable belle-mère, il notifie son refus. Toutefois Émile a conquis et conservé jusqu'au dernier jour l'affection de son père.

Dès lors, dans son journal, à la tribune, Girardin fait une guerre sans trêve et sans pitié au ministre qui a trompé toutes ses espérances : elle ne cesse qu'avec la révolution de Février. On se rappelle sa présence d'esprit à l'heure où tout se décide, ses efforts audacieux, mal secondés, en faveur de la régence : proclamée par Lamartine, la république l'emporte. A une bourgeoisie inquiète de se trouver sans roi, Girardin crie immédiatement : Confiance! confiance! prêche d'exemple, se fait pendant les premiers quinze jours le plus ferme auxiliaire du gouvernement provisoire.

Qui n'aurait cru, après la cérémonie de la translation des cendres de Carrel, après la réconciliation officielle de Marrast, son successeur au *National*, membre du gouvernement provisoire, et du directeur de la *Presse*, à un utile oubli du passé? Girardin avait pour ami Lamartine, l'orateur intrépide et populaire, le sauveur de la bourgeoisie républicaine, le pacifique ministre des affaires étrangères ; il apportait à ses alliés politiques son journal, sa plume, son talent, ses facultés de simplification, d'organisation, tout un ensemble d'idées neuves et praticables ; madame de Girardin, femme du monde, esprit supérieur, attirant, groupant déjà autour d'elle les littérateurs et les poëtes, noble, éloquente, passionnée, offrait son salon à la société nouvelle, qui aurait trouvé là un centre, un précieux point de réunion.

Des animosités mesquines, invétérées, font dédaigner tous ces avantages ; la barrière qu'on avait abaissée, on la relève ; on repousse comme une injure l'idée de la participation de Girardin au pouvoir ; puis l'on s'étonne de rencontrer en lui un adversaire. Aux journées de Juin, abusant de la

dictature, on l'arrête, on le met au secret, on l'irrite sans le tuer, et l'on ne prévoit pas que, rendu
à la liberté, il n'existera que pour se venger. Il a
pressenti la puissance du nom de Napoléon ; le
premier il pose dans la *Presse* la candidature à la
présidence du neveu de l'Empereur. Il espère
contenter à la fois son ressentiment et son ambition ; mais, au 10 décembre, la vengeance seule
a son jour.

Je ne dépasserai pas la limite de 1848 que je
me suis imposée. Il me suffit de constater qu'aucun des hommes soutenus ou arrivés par lui au
pouvoir n'a tenté d'utiliser ses facultés dans des
fonctions publiques. L'expérimentation des théories de l'auteur de *La Politique universelle* reste
encore à faire. Je le regrette pour ma part ; car
le principe, le moyen ou le but de toutes ses réformes, est la liberté.

XV

Douze années séparent la première tentative
du prince Louis-Napoléon Bonaparte, au mois
d'octobre 1836, de sa nomination à la présidence,
le 10 décembre 1848. A la nouvelle du complot
de Strasbourg, que le ministère cherchait vainement à amoindrir sous le nom d'échauffourée, la
surprise du pays légal fut extrême. Cependant,
elle n'était rien moins que motivée : sans doute
au lendemain des journées de Juillet, la présence
du duc d'Orléans à Paris, son habileté, sa popularité, sa nombreuse famille, les vertus de la duchesse sa femme, la camaraderie de ses fils avec
la jeunesse universitaire, et au contraire l'éloignement du duc de Reichstadt, en parti otage, en

partie prince autrichien, élevé sous la surveillance de M. de Metternich, dans une cour étrangère, avaient écarté l'idée du retour à la dynastie napoléonienne. A peine sur le trône, Louis-Philippe avait rallié par toute la France la classe moyenne, intelligente, commerciale, industrielle et pacifique, dont il était le véritable représentant. Toute cette portion éclairée de la nation avait renoncé aux tendances napoléoniennes mêlées au libéralisme de l'opposition sous la branche aînée des Bourbons; mais la légende du prisonnier de Sainte-Hélène, restée la religion du peuple des campagnes, et dans les villes de ceux que n'avait pas atteints la foi républicaine, était surtout puissante dans l'armée. Le journal du parti, *la Révolution de* 1830, n'existait plus : son rédacteur principal, M. James Fazy, résidait à Genève ; mais le duc de Reichstadt mort, les deux fils de l'ancien roi de Hollande, frère de l'Empereur, s'étaient fait connaître en combattant, en 1831, pour l'indépendance italienne ; l'aîné avait trouvé une fin glorieuse, suite de ses blessures; le second, cinq ans plus tard, vivifiait par une audacieuse entreprise ses prétentions à l'empire. Enfin, après les défaites de juin 1832, d'avril 1834, et depuis la mort de Carrel, parmi les ennemis de la monarchie plusieurs avaient tourné leurs espérances vers ce prince.

On a dit et répété, non sans raison, que le gouvernement était renseigné, que le préfet, M. Choppin d'Arnouville, avait un agent secret dans l'intimité du prince. S'il en est ainsi, j'ai peine à comprendre que Louis-Philippe, au courant des préparatifs du complot, en ait toléré l'exécution, surtout voulant user de clémence envers le chef. Un fait capital, et qui devait affecter bien profondément un roi qui s'appuyait au moins par moitié sur l'armée et sur la garde nationale, c'est l'incroyable facilité avec laquelle des régiments entiers, officiers et soldats, s'étaient rangés sous le drapeau du prétendant. Les républicains de Strasbourg, ralliés à lui pour renverser, avaient prêté leur concours, le peuple les suivait.

Arrivons au dénoûment.

Le matin du 30 octobre, tout réussit d'abord à souhait au prince et à ses aventureux compagnons: le 3ᵉ et le 4ᵉ régiments d'artillerie, ayant en tête le colonel Vaudrey, le bataillon des pontonniers, enlevé par le lieutenant Laity, marchent au cri de : Vive l'Empereur! On se rend à la caserne de la Finkmatt, où se trouve le 46ᵉ de ligne; mais là, par une fausse manœuvre, la tête de la colonne s'égare; au lieu de prendre le large chemin du rempart, qui permettait à Louis-Napoléon le déploiement de ses forces, et lui assurait une retraite facile en cas d'échec, on s'engage dans la ruelle étroite qui conduit à l'entrée principale de la cour de la caserne; le prince y pénètre, suivi seulement d'une vingtaine de ses partisans. Toutefois, au nom de Napoléon, les fantassins accourent; un vieux sergent saisit les mains du prince et les embrasse en pleurant; on s'émeut, on acclame le nouvel empereur; mais un adroit mensonge, répandu à propos, vient changer la face des choses : le prétendant ne serait qu'un neveu du colonel Vaudrey usurpant un nom cher à l'armée. Furieux d'être pris pour dupes, les soldats du 46ᵉ transforment leur ovation en menaces; le lieutenant Pleignier s'élance vers le prince pour l'arrêter; arrêté lui-même par les artilleurs, il se débat, ses soldats s'apprêtent à le dégager. D'un côté, le colonel Taillandier, animant de la voix et du geste les hommes du 46ᵉ, de l'autre une quantité d'artilleurs, avertis du danger, se précipitant dans la caserne et avec eux soixante canonniers à cheval. Un coup de feu, une parole engageait le combat. A ce moment suprême qui décide de la victoire ou de la défaite, la résolution du prince faiblit : faut-il attribuer son trouble à l'inexpérience ou au remords de voir tant de braves gens sur le point de s'entre-tuer pour l'ambition d'un seul? C'est ce qu'expliquera la suite de sa vie. Quoi qu'il en soit, il refusa de donner le signal : dès lors, toute chance de succès était perdue. Il rejeta de même, quelques minutes plus tard, l'offre de MM. de Gricourt et de Querelles de lui frayer passage l'épée à la main.

Louis-Napoléon, le colonel Vaudrey, le commandant Parquin, le lieutenant Laity, etc., furent
arrêtés.

Le 9 novembre, séparé de ses co-accusés, le
prince, en proie aux plus sinistres pressentiments,
arrivait en poste à Paris ; aussi, en apprenant
qu'on se contentait de l'envoyer en Amérique, il
écrivit à Louis-Philippe une lettre où, demandant
la grâce de ses complices, il lui adreseait l'ex-
préssion de sa gratitude.

Un autre incident, non moins grave que la défection des troupes, fut le verdict du jury alsa-
cien prononçant l'acquittement de tous les accusés. Rien de plus logique au fond que cette
sentence ; car le principal coupable ayant été
soustrait à la justice nationale, son impunité
devait également assurer celle de ses complices,
mais politiquement ce résultat était menaçant
pour la dynastie.

De tous les conspirateurs acquittés, je n'en
connaissais qu'un seul, le marquis de Gricourt,
un Français de la Fronde, aimable, galant et brave ;
en 1835, il avait été présenté au Jockey-Club par
du Hallay ; celui-ci, prenant d'office envers son
jeune ami le rôle de tuteur, lui avait ménagé
avec le marquis de Jumillac un premier duel,
bientôt suivi de plusieurs autres. Après peu d'années de la vie de plaisirs, Gricourt était entré, à
Baden, en relation avec Louis Bonaparte. Sa har-

diesse, sa gaieté donnaient au complot quelques
traits de ressemblance avec les conspirations,
sous Louis XIII, de l'abbé de Gondy, de Saint-
Ibal, de Varicarville, etc., contre le cardinal Richelieu.

Avant de revenir à ce qui me regarde personnellement, il me faut encore indiquer les conséquences de ces derniers événements sur notre
politique intérieure. Deux attentats contre la vie
du roi : en décembre celui de Meunier, le 19 janvier celui de Champion, se suicidant pour ne pas
dénoncer ses complices, assombrissaient le tableau. A une situation si périlleuse on cherche des
remèdes dans la compression et un essai d'inquisi-
tion politique.

Sous l'administration du 6 septembre, le ministre des affaires étrangères, comte Molé, ancien fonctionnaire de l'Empire, mettant au service
du roi les plus mauvaises traditions du despotisme,
lui proposait comme sauvegarde de présenter une
loi de sûreté générale, disposant, en dehors de
la légalité, de la liberté des citoyens. M. Guizot
repoussait cette loi des suspects; mais, afin de
ne pas sembler trop inférieur à son collègue en
zèle monarchique, après avoir consulté ses amis,
il consentit à y substituer les trois projets : de
disjonction, de *déportation* et de *non-révélation*.
Les deux dernières mesures, et surtout la plus
odieuse, celle qui punissait de la prison ceux qui

se refusaient au rôle de délateur, n'ont pas été débattues ; la *loi de disjonction* subit seule l'épreuve de la discussion. A cette monstrueuse inégalité des peines pour un crime exécuté en commun, selon que les coupables étaient civils ou militaires, les uns jugés par le jury, les autres traînés devant le conseil de guerre, la conscience des magistrats se souleva : MM. Dupin, procureur général, Nicod, conseiller à la cour de cassation, remontrèrent avec une ferme raison l'iniquité du projet. Lamartine eut le malheur de le défendre ; son antipathie napoléonienne, son désir d'empêcher le retour d'un verdict pareil à celui du jury de Strasbourg, ne sont que des circonstances atténuantes.

Mais Berryer, alors à l'apogée de sa puissance oratoire, porta le coup mortel à la loi de disjonction : « Supposez, s'écria-t-il dans un magnifique mouvement d'éloquence, supposez que vous l'eussiez eue, cette loi, la veille de l'attentat commis à Strasbourg : que serait-il arrivé ? Que serait-il arrivé si, le jury restant imbu des opinions que vous redoutez, le conseil de guerre avait été animé, au contraire, des sentiments de rigueur que vous attendez de lui ? Que serait-il arrivé après l'acquittement prononcé par l'un des deux tribunaux et la condamnation prononcée par l'autre ? Quoi ! en même temps, dans la même ville, deux portes se seraient ouvertes : ici la marche funèbre des condamnés à mort, là l'ovation aux coupables acquittés et à leurs juges ! Et vous auriez laissé passer le convoi à côté de ces joies bruyantes des triomphateurs de la justice ! » 211 boules noires contre 209 blanches décidèrent du rejet de la loi.

Dès lors, et malgré le démenti officiel du *Moniteur*, le ministère était mortellement atteint. Le projet d'apanage en faveur du duc de Nemours, perdu dans l'opinion par le pamphlet de M. de Cormenin, mit fin à son agonie. Après plusieurs combinaisons sans vitalité, le 15 avril, Louis-Pilippe, soulagé de l'élément doctrinaire, choisit et favorise de sa haute prédilection un cabinet composé du comte Molé, président du conseil, comte Montalivet à l'intérieur, etc.

Aussitôt l'horizon s'éclaircit : les projets de déportation et de non-révélation sont retirés, et aussi cettte demande d'apanage qui semblait, comme l'envoi par le sultan du fatal cordon à son visir, n'avoir pour but que d'abréger l'existence d'un ministère. En mai, une mesure généreuse et populaire, l'amnistie, est signée par le roi et saluée par la nation. L'administration, faible à sa naissance, vivant de la tolérance de la majorité parlementaire et de l'appui un peu dédaigneux de M. Thiers et du centre gauche de l'Assemblée, se consolide. Le mariage du duc d'Orléans, libéral comme tout héritier présomptif, avec une princesse protestante, gracieuse, instruite, appréciée pour ses qualités sérieuses, est encore un sujet de joie.

Il me faut maintenant, pour donner une idée de ma façon de vivre, rétrograder d'une année.

En 1837, par Lautour-Mézeray j'avais connu Girardin; nouvellement installé dans son hôtel de la rue Saint-Georges, il m'avait présenté à sa femme, qui étonnait, charmait avec le *courrier* du vicomte de Launay la société parisienne. Elle avait connu ma mère, et l'une de ses sœurs avait épousé O'Donel, un Irlandais, Français comme moi. Des amis plus intimes ont déjà dit en meilleurs termes tout le bien que je pense de cette femme célèbre. Mais en voyant l'essor de son talent dramatique depuis 1850, on se désole du long temps pendant lequel ce génie ailé a été retenu captif sous les plumes de plomb de la tragédie. Jamais le quiproquo n'a provoqué un rire plus franc que dans *le Chapeau d'un horloger;* jamais les nuances d'une situation touchante, rendues avec un art infini, n'ont fait verser plus de larmes que *la Joie fait peur;* des scènes, des actes entiers de *Lady Tartuffe* sont de la haute et bonne comédie. J'aurai plus d'une fois occasion dans la suite de ces Mémoires de revenir sur madame de Girardin et sur son salon, un des derniers qu'ont animé, de leur souffle poëtes, littérateurs et artistes mêlés à la bonne compagnie.

Sans avoir l'énergie d'interrompre mes plaisirs

pour me livrer à l'étude, depuis mon admission à
la Chambre des pairs, je me rapprochais, presque à mon insu, du monde politique. J'avais substitué à mes anciennes aspirations libérales et républicaines une indifférence au moins apparente,
plus conforme au milieu où je vivais. J'avais été
en relation avec M. Malacq, homme d'esprit, de
talent et de bonne compagnie. Au 6 septembre, il
devint chef de cabinet du ministre de l'instruction
publique, M. Guizot, dont il était l'ami. Chaque jour
il transmettait le mot d'ordre à un journal créé
défenseur officieux du ministère, qui paraissait sous
le nom de : *la Charte de* 1830. J'étais lié avec les
deux principaux rédacteurs de cette feuille : Nestor Roqueplan, qui avait abandonné dès longtemps les rangs de l'opposition, et Malitourne.
Deux de mes amis du Jockey-Club le comte Fer-
nand de Montguyon, brillant oisif, emprisonnant
de rares facultés dans le cercle étroit du plaisir ;
le marquis de Lavalette, nouvellement diplomate,
conciliant et fin, mêlant toujours un peu d'utile à
l'agréable, et moi, nous avions pris l'habitude
d'aller, avant le whist, fumer quelques heures
dans la salle de la rédaction. En aucun endroit
d'ailleurs il n'était moins question de politique.
Actif et paresseux, Nestor allait et venait du ministère à la préfecture de police, recueillant la
chronique scandaleuse, qu'il animait de son esprit ; Malitourne s'arrachait sans peine, pour

causer avec nous, à un article commencé qu'il ne
terminait jamais; Edmond Texier, Ourliac, Gérard de Nerval, Théophile Gautier, Achille Brindeau discutaient littérature et beaux-arts. Là
furent inventés les plus célèbres *canards* de l'é-
poque : *le Brigand Schubry, Gaspard Hauser,
la Mère de mademoiselle Nau,* sauvant en Amérique sur la corde, au milieu d'un incendie, deux
jumeaux qu'elle rapportait à chaque bout de son
balancier, etc., etc. Un ancien saint-simonien,
que Nestor avait surnommé le nègre de la rédaction, appointé à 100 francs par mois, faisait le
journal qui, devant paraître le soir, n'était distri-
bué que le matin. M. Duvergier de Hauranne,
député influent de la majorité, zélé, laborieux,
envoyant un compte rendu à la fin de chaque
séance importante de la Chambre, était le plus
souvent cause de ce retard. Nestor demanda s'il
ne vaudrait pas mieux transformer *la Charte* en
journal du matin.

— Non, dit M. Guizot, en ce cas elle ne pa-
raîtrait plus que le soir.

Peu d'hommes ayant connu l'ancien fondateur
du *Figaro* ont été capables de résister à l'attrait
de sa conversation, aux grâces de sa camaraderie. Il a l'esprit toujours présent, qu'il prodigue
sans s'appauvrir, le courage, autre don de nature, deux qualités trop adorées des Français,
qui les aiment pour elles-mêmes, indépendamment

de l'usage qu'on en fait ; il possède encore une constitution de zouave, une insouciance ornée de philosophie, une verve endiablée... Mais à quoi bon décrire celui que Beaumarchais a fait agir et parler ? Figaro, c'est lui.

Lorsque M. Guizot, cédant la place au comte Molé, fut rentré dans la vie privée, Malacq me présenta à l'ex-ministre ; son petit logement de la rue de la Ville-Lévêque était encombré d'amis politiques convaincus de sa prochaine rentrée au pouvoir. Il me reçut avec politesse ; mais, à vrai dire, n'ayant encore pris aucune part aux affaires publiques, n'ayant en rien donné ma mesure, j'avais à ses yeux la valeur insignifiante d'un trois-centième de la Chambre des pairs. De mon côté, étranger aux sujets de tant de préoccupations passionnées, au langage, aux allusions, aux plaisanteries mêmes de la coterie doctrinaire, je m'ennuyai gravement et ne reparus plus.

A quelque temps de là, je fus également introduit, sans que je puisse me rappeler par quel intermédiaire, chez le ministre de l'intérieur, comte de Montalivet ; entré comme moi par hérédité à la Chambre des pairs, il m'accueillit avec bienveillance ; mais quoique je me sentisse moins séparé de lui, mes efforts pour me rattacher à la politique restaient sans suite. Je revenais à la vie de plaisir avec l'ardeur qu'on met aux choses qu'il faut bientôt quitter.

J'ai déjà dit comment, dès 1834, j'étais réduit au seul revenu de mon majorat inaliénable. Une série d'accidents heureux, au moins en apparence, le partage de la dot de ma sœur aînée, au jeu quelques gains imprévus, m'avaient permis de continuer les jouissances du désœuvrement. Aujourd'hui l'expérience m'a démontré que le mieux, pour un jeune oisif, est de consommer promptement sa ruine, de même que le pire de tous les dangers est d'y arriver lentement à l'âge où il devient impossible de se relever par le travail; mais alors j'envisageais avec effroi la nécessité d'une transformation. Ma sœur, si indulgente et si tendre, puisa dans sa tendresse la force de m'exposer à nu le vrai de ma situation.

— Jusqu'ici, tu n'a fais tort qu'à toi-même; un pas de plus, tu entres dans la voie des dettes dont on ne peut assigner ni prévoir le remboursement. Au milieu de tes folies, tu as préservé ton honneur, tu le risques aujourd'hui. Si tu tombes, tu n'auras même pas la pitié de tes compagnons. Courage ! M. Berryer t'offre de pàsser quelques mois à la campagne près de lui, là au moins tu pourras réfléchir, arrêter une ligne de conduite et la suivre.

Je l'avoue à ma honte, mon premier mouvement fut une irritation extrême contre celle qui me sauvait. En la quittant, je protestai par une dernière partie de plaisir; mais le lendemain je me rendais en poste chez Berryer.

XIX

Heureux entre tous ceux à qui échoit une pareille terre d'exil ! Voisin de la forêt de Fontainebleau, traversé par l'Essonne, renfermant dans son parc des prairies, des rochers et des bois, le château d'Augerville, avec ses tourelles, ses fossés d'eau courante, sa bibliothèque, le confortable moderne de son ameublement et par-dessus tout la présence de son propriétaire, est un délicieux séjour. Madame Berryer, aussi bonne qu'elle avait été belle, sa compagne, l'amie dévouée, parfois l'excellent conseil de son mari, l'habitait avec lui. Leur affection presque paternelle facilitait l'exécution de mes projets.

Au début, je me fatiguais par une accumulation d'exercices violents ; je me plongeais dans les livres : je dévorai *Manon Lescaut,* dont la

lecture m'attrista longtemps, je repris Walter
Scott. Pour moi le charme et le danger des romans de l'enchanteur écossais étaient de me
transporter au milieu de ses personnages et à leur
époque, au point que ma vie réelle ne tenait plus
que la seconde place, une suite d'opérations ma-
chinales dont je m'acquittais avec ennui.

Sorti de ces passe-temps stériles, je m'attachai
à Montaigne, l'auteur par excellence, celui qui,
soulevant les questions, les examinant sous leurs
faces diverses, élargit la pensée et provoque la
discussion intérieure dans tout cerveau capable
de réflexion. Son exemple, ses fréquentes citations m'incitèrent à me remettre au latin. Suétone
parcouru, je déchiffrais laborieusement Catulle,
Perse et Juvénal, et s'il faut tout dire, je fouil-
lais souvent un énorme glossaire afin de trouver
l'explication des termes aujourd'hui oubliés des
débauches césariennes. Avec Tacite et Salluste,
je rentrai dans le sérieux de l'histoire. C'est alors
que, pour la direction de mes études politiques,
je demandai conseil à Berryer. J'avais lu la *Révolution*, de M. Thiers ; mais en dehors des victoires et conquêtes, de la défaite de Waterloo et
de la double invasion, j'ignorais la contre-révolution organisée par le génie du despotisme. Je sa-
vais superficiellement l'histoire des quinze années
de la Restauration. Mon guide lumineux m'enga-
gea à étudier au *Moniteur* la période révolution-

naire; sa conversation suppléa à l'absence d'une histoire exacte de l'Empire; il me montra l'administration, la législation, la politique, la religion, instruments centralisés de la volonté d'un seul; puis il m'indiqua, pour la Restauration, le résumé des premières sessions parlementaires par Fievée, et à dater de 1818, l'*Annuaire historique* de Lesur.

J'avais maintenant pour un long séjour une besogne toute tracée; je m'y livrai avec ardeur. Après plusieurs mois, me promenant avec Berryer, je le consultai de nouveau sur le moyen de procéder à un stage oratoire.

— Ta situation est différente de la mienne; le chemin m'a été facile : je n'ai eu qu'à plaider. Mais tu n'as pas fait ton droit, il faut donc essayer d'autre chose; voyons! traduis du latin, de l'anglais surtout; tu acquerras de la sorte une facilité d'expression, des habitudes de langage, et avec les orateurs du Parlement britannique les formes parlementaires.

Nous parcourions une allée bordée de noyers dont les jeunes plants ne nous venaient pas à la ceinture. Il changea de sujet, et s'absordant dans les joies futures du propriétaire :

— Vois-tu mes noyers, comme ils poussent bien!... Ce diable de soleil est piquant... mais, bah! dans quelques années, mes noyers nous en préserveront.

Et il se mit à marcher comme si déjà il eût été protégé par leur ombrage.

— Quand ils seront gros, il faudra en arracher la moitié pour qu'ils ne s'étouffent pas les uns les autres... Aimes-tu les meubles en noyer?

— Certainement.

— Tu as raison, c'est plus campagne que l'acajou... avec ces noyers-là, il faudra meubler toutes les chambres du second, hein? Qu'est-ce que tu en dis?

Pour toute réponse, je sautai par-dessus un des formidables noyers, et le cher maître rit de bon cœur. Peut-être jugera-t-on superflue la dernière partie de cette conversation; pourtant elle prouve la puissance de Berryer à créer l'avenir et à s'y réfugier quand le présent lui pèse; elle éclaire et explique l'homme.

En rentrant, je me mis à l'œuvre; c'est ainsi que j'ai traduit près de deux volumes de Georges Canning.

M. Jaubert et ma sœur avaient passé l'automne à Augerville; en sentant approcher l'ouverture de la session, je leur communiquai à chacun en particulier mon dessin de tirer parti de mes efforts et d'aborder la tribune. Je trouvai dans M. Jaubert, l'homme de mœurs sévères qui avait déploré mes folies sans les comprendre, un encouragement inattendu, tandis que ma sœur chérie, celle qui, s'exagérant autrefois mes dons naturels,

avait rêvé pour moi toutes les ambitions et tous
les succès, déchue de ses espérances, m'infligeait
la juste punition de mes années d'oisiveté. En me
voyant prêt à adopter une résolution aussi téméraire, elle douta de moi, elle eut peur. L'excès de
sa tendresse lui faisait redouter un début médiocre
à l'égal d'une chute ; les difficultés apparaissaient
agrandies à son imagination tourmentée : au lieu
de songer à la moyenne des parleurs, elle me
comparait à celui qu'elle avait sous les yeux, à
l'orateur. Dans sa faiblesse pour moi, elle m'in-
sinua d'avoir recours à lui : réciter un discours
fait par un autre, telle était au fond sa proposition.
Je refusai, mais ayant perdu le droit de m'indi-
gner, je tus mon humiliation. Ai-je besoin d'a-
jouter que, dès qu'elle eut entendu mon refus,
elle mit un zèle extrême à m'affermir? L'opinion
de M. Jaubert, motivée avec un admirable bon
sens, était que ma situation, à force d'être mauvaise, devenait excellente. On n'attendait rien de
moi ; s'il était invraisemblable d'espérer que mes
récentes études m'eussent déjà donné les qualités
de l'orateur, le seul fait de m'entendre demander la parole causerait à mes collègues un étonnement de bon augure ; de la part d'un jeune
homme connu seulement par le bruit de ses plaisirs, un discours modéré, énoncé en bon termes,
obtiendrait certainement l'approbation de la surprise.

Pour apprécier l'influence que l'avis de M. Maxime Jaubert eut sur ma détermination, il est nécessaire de le peindre en peu de mots. Son père, d'une famille de robe, avant d'être magistrat avait été, à Aix en Provence, l'avocat de Mirabeau dans ses procès contre sa femme ; c'est ainsi que, né en 1781, Maxime avait connu le grand homme qui le faisait sauter sur ses genoux. Attirée par cette protection puissante, sa famille vint à Paris, où il fut élevé pendant la période révolutionnaire. Jeune employé à l'armée d'Italie, admis à accompagner son frère aîné, interprète du général Bonaparte pendant l'expédition d'Égypte, il avait déjà beaucoup vu quand, en 1803, le premier consul signa sa nomination aux fonctions de substitut à la Cour d'appel, plus tard à la Cour impériale de Paris. Les qualités qui font les bons magistrats, le calme, l'impartialité, la droiture inflexible lui étaient naturelles ; il avait en outre la plus haute idée de ses devoirs, le respect et le goût des traditions des anciens parlements. Sans être indifférent en politique, il s'en tenait à l'écart.

La justice en lui coulait de source ; en voici une preuve. Aux plus mauvais jours de la Restauration, le journal *le Constitutionnel* ayant été traduit devant le jury, son défenseur épuisa d'abord le nombre de ses récusations ; quand ce fut le tour du ministère public, M. Jaubert, alors avocat gé-

néral, apercevant parmi les noms des jurés res-
tants celui de Michaud, rédacteur de *la Quotidienne*, le récusa sans hésiter, et contribua par là
à l'acquittement de la feuille libérale. Le lendemain, le procureur général Bellart le faisait venir
dans son cabinet :

— Êtes-vous traître? Êtes-vous fou? C'est vous,
Jaubert, qui venez en aide aux ennemis du gouvernement, aux professeurs d'anarchie !...

A cette furieuse diatribe, mon beau-frère,
étonné, répondit avec une simplicité qui n'était pas
sans grandeur :

— Mais, monsieur, je ne pouvais cependant pas
laisser juger *le Constitutionnel* par *la Quotidienne*.

Il en fut quitte pour une menace de destitution.

Deux autres traits résument ses titres de noblesse. A la mort d'un gros financier qui avait eu
de nombreux procès, on trouva une note à consulter contenant les noms des magistrats et les
moyens d'influence à exercer sur eux; à côté de
celui de Jaubert on lisait : INABORDABLE. Enfin,
sur ses conclusions, une fortune considérable
ayant été adjugée à un plaideur, il reçut en rentrant la visite de l'autre partie. L'homme, d'un
âge mûr, s'avance vers lui en exprimant de vifs
remercîments; M. Jaubert présume qu'ainsi que
cela arrive parfois, il avait mal compris le prononcé du jugement. Mais point : sa reconnaissance portait sur l'impartialité avec laquelle l'af-

faire avait été exposée par l'avocat général, qui, tout en rappelant sans en oublier un seul les arguments du perdant, avait su lui faire admettre la raison déterminante en faveur de la partie adverse; rare exemple de la conversion d'un plaideur par l'éloquence d'un magistrat! Dupin aîné disait de lui : « Je ne connais pas à Jaubert un seul ennemi. »

Son courageux sang-froid ne tenait aucun compte du danger : le 27 juillet 1830, au milieu de l'insurrection, enjambant les barricades, il se rendait au Palais comme d'habitude, et revenait, surpris de s'être trouvé seul à son poste. Il était conseiller à la Cour de cassation.

Hors de ses fonctions, aimable, tolérant, de philosophie pratique, il traversait la vie sans approfondir; aussi avait-il conservé la gaieté de la jeunesse : pendant sa tutelle, à l'époque des vacances, il m'avoit emmené souvent en voyage, et malgré une différence de trente ans, je n'ai jamais eu de plus agréable compagnon. La suite de ces Mémoires complétera le portrait; il était seulement utile d'expliquer comment l'égalité de son intelligence, la modération de ses opinions donnaient une grande sûreté à son jugement.

Mon parti était pris, je fis plusieurs discours dont aucun n'a été prononcé, et en décembre je revins à Paris.

XX

JE ME LOGE PRÈS DE LA CHAMBRE DES PAIRS. — DIS-
POSITION DE MES COLLÈGUES. — MM. VILLEMAIN,
COMTE MONTALEMBERT, MARQUIS DE DREUX-BRÉZÉ.—
MON PREMIER DISCOURS. — COMTE MOLÉ.

Déterminé à ne revoir au Jockey-Club les compagnons de ma jeunesse qu'après un succès, pour
mieux rompre mes habitudes, je louai une chambre rue de Tournon, à deux pas du Luxembourg :
mes journées étaient consacrées à l'étude. Enfin,
le 18, la session s'ouvrit : j'assistais assidûment
aux séances, à la discussion préparatoire des bureaux, mais j'avais peu de relations. Un concours
de circonstances bizarres et qu'il me faut indiquer, contribuaient à me créer une position tout
exceptionnelle.

Ma connaissance avec le chancelier, duc Pasquier, en 1835, avait été singulière plutôt qu'a-
gréable : compromis dans une rixe de quelques
loges contre le parterre, à la salle Chantereine,

à la suite d'une plainte déposée par le plus mal-
traité de nos adversaires, d'après la Charte, j'en-
traînais tous les accusés devant la Cour des Pairs.
M. Pasquier me pria de venir chez lui, et m'a-
dressa une longue remontrance ; dans ce cas particulier, elle était imméritée, car injuriés, puis
attaqués par une foule irritée, nous n'avions fait
que nous défendre. Pourtant je l'écoutai patiem-
ment tant que je crus à son désir de nous venir
en aide ; mais je coupai court dès que je fus certain d'un ennui sans compensation. Heureusement,
l'instruction commencée, M. Zangiacomi nous
ayant confrontés avec le plaignant, celui-ci crut
devoir ne pas nous reconnaître. Néanmoins, les
petits journaux ayant porté l'affaire devant le public, plusieurs de mes collègues en avaient reçu
une impression fâcheuse.

En outre, mes anciens rapports avec Carrel
me signalaient comme républicain, et l'amitié du
chef du parti royaliste, en butte lui-même aux
visites domiciliaires et fort surveillé par la police,
ne diminuait pas les préventions.

Enfin, à l'époque où la Cour jugeait les accusés
de Lyon, à la suite d'une séance émouvante, le
soir, à souper, avec le prince Belgiojoso, le major Fraser et Alfred de Musset, j'avais, dans une
improvisation dont l'ironie légère couvrait un
fonds sérieux, embrassé la cause de ces insurgés
de la faim. Mon indignation contre un pouvoir

tuant avec la mitraille ceux qui demandaient à
VIVRE EN TRAVAILLANT s'était communiquée à
mes compagnons ; à un toast chaleureux en l'honneur de Caussidière, ils avaient répondu en bu-
vant successivement à la santé des principaux
détenus : une fois lancés dans cette voie, j'aurais
peine à dire où s'arrêtèrent nos toasts incendiaires.
Le garçon qui nous servait, espion trop zélé,
avait grossi tout cela au point qu'un rapport avait
été adressé au ministre de l'intérieur, contenant
les propos séditieux, serments terribles d'un jeune
pair de France conspirant avec deux révolutionnaires étrangers ; on avait omis le nom du poëte.

Telles étaient les principales charges qui pe-
saient sur moi : aussi, un pair, le baron de Crou-
seilhes demandait sérieusement à son ex-pupille,
Alfred de Bethmont, s'il me croyait homme à
venir à la tête d'une bande armée attaquer la
Chambre ; un autre, mon cousin, le duc de Fesen-
zac, avait la vue si basse qu'il ne me reconnut qu'a-
près mon premier discours. Le vide se faisait autour de moi.

Un de mes meilleures amis, le vicomte Paul
Daru, m'avait présenté à son frère aîné, le comte
Napoléon, comme moi un produit de l'hérédité,
eune homme austère, qui, travaillant seize heures par jour, ne concevait pas ma présomption
de vouloir prendre la parole dans une discussion
publique.

Par contre, quelques-uns des pairs de la Restauration éprouvaient une sorte d'intérêt bienveil
lant envers leur jeune collègue; des hommes
remarquables qui composaient le petit groupe des
opposants accueillaient avec indulgence une nouvelle recrue; M. Villemain, resté l'ami de ma
sœur, se souvenait de m'avoir témoigné de l'affection, il m'offrait ses précieux conseils; le comte
de Montalembert, à peine mon aîné, mais déjà
éloquent et écouté, sans s'inquiéter de la différence de nos antécédents et de nos croyances, ne
tenait compte que des rapprochements d'âge, de
gaieté, d'indépendance de caractère, et m'en-
courageait à suivre son exemple; le marquis de
Dreux-Brézé, cœur chaud, esprit généreux, ne
m'accordait pas moins de sympathie. Au moment
de la discussion de l'adresse on distribua les rôles;
n'ayant aucune spécialité, on me désigna la question de l'Algérie. Je me mis au travail et dès
que la commission eut déposé son rapport, para-
phrase élogieuse du discours de la couronne,
pour me couper la retraite, je me fis inscrire
parmi les orateurs contre l'adresse : c'était la
partie la moins difficile de ma tâche. Comme
presque tous les débutants, j'avais appris mon
discours écrit par cœur; j'obtins de ma sœur et
de ceux qui m'étaient chers la promesse de ne
pas assister à un essai qui pouvait être un dé-
sastre.

Le grand jour arrivé, j'allai le matin à l'Institut chez M. Villemain, il se promena avec moi dans sa bibliothèque et me proposa, tête à tête, une répétition. Intimidé par le talent, la réputation de cette personnalité railleuse en dépit de ses intentions amicales, je balbutiai quelques phrases incohérentes, et fus forcé de m'arrêter. Il est d'ailleurs dans ma nature de me laisser dominer par l'embarras devant une ou deux personnes, et de le surmonter devant une assemblée. A la Chambre mon supplice dura plusieurs séances; n'ayant pas l'habitude des débats oratoires, j'avais mal calculé celle où viendrait mon tour de parole : ces émotions renaissantes m'avaient tellement énervé que lorsque je ne fus plus séparé du danger que par l'orateur qui me précédait à la tribune, je me sentis sur le point de m'y dérober par la fuite. Par leurs exhortations, leurs chaleureux serrements de main, Montalembert et Brézé relevèrent mon énergie. Le dernier m'ayant dit qu'un exorde dans lequel je demanderais à l'assemblée de l'indulgence pour son plus jeune membre serait d'un effet sûr, je me rappelai avec effroi que cette phraséologie de convenance et de politesse manquait absolument à mon discours. L'avis était essentiel, aussi, quand le duc Pasquier eut prononcé la formule : *Comte d'Alton Shée vous avez la parole*, j'improvisai avec plus de facilité que je ne l'aurais espéré une série d'utiles banalités. Ma pensée était nette, seulement la timidité produisait en moi des résultats singuliers ; ma bouche était desséchée ; je croyais crier, et ma voix, naturellement forte, s'entendait à peine ; toutefois, grâce au conseil du marquis de Brézé, la prédiction de M. Jaubert se réalisa : un murmure d'approbation parcourut l'assemblée et mon *maiden speech* obtint l'honneur d'une réplique bienveillante du comte Molé, président du conseil. Mes critiques pouvaient se résumer en un point : elles consistaient à reprocher au ministère de manquer d'initiative et de décision, d'hésiter entre la satisfaction de l'esprit français de gloire et de conquête, et la stérilité des dépenses onéreuses qu'entraînait l'occupation africaine ; de s'apprêter à suivre l'opinion de la majorité, quelle qu'elle fût, au lieu de lui faire adopter celle qu'il jugeait la meilleure.

Le blâme que j'infligeais au ministère, on aurait pu justement le retourner contre moi, car le temps et le travail m'avaient manqué pour me former une conviction raisonnée sur la question d'Alger ; mais mon excuse c'est que je n'étais pas le pouvoir. A envisager aujourd'hui cette question de nos conquêtes en Algérie, on peut dire que l'expérience a prononcé contre le système de vaste occupation et de colonisation. Cent millions par an la location d'un immense champ de manœuvres et de combats, cent millions par an l'avantage de dresser des soldats à tuer et à se faire tuer, d'entretenir une pépinière de généraux africains, c'est évidemment beaucoup trop cher ; quant au prétexte de civiliser les musulmans, de les christianiser, il serait dérisoire d'en parler. De l'aveu du clergé, il n'y a pas eu, en trente-huit ans, une seule conversion, et, à ce moment même, plus de cent mille Arabes mourant de faim au milieu de nous témoignent de la bienfaisante civilisation que nous leur avons apportée. La sagesse froide et clairvoyante du roi avait pressenti les résultats négatifs ; il inclinait vers l'opinion du député Desjobert, l'adversaire convaincu et persévérant de l'occupation d'Afrique. Mais il prévoyait aussi que s'il refusait à l'agitation des esprits, aux aspirations belliqueuses de la nation, au souvenir de Waterloo un dérivatif en Algérie, il aurait la main forcée en Europe pour la guerre de propagande révolutionnaire, et quoique avec répugnance, des deux maux il crut choisir le moindre. En cela, il se trompait et dans l'intérêt français et dans l'intérêt dynastique ; la question des frontières naturelles, d'une solution facile en 1831, quand partout les peuples voulaient s'annexer à nous, a pesé sur tout son règne ; en servant d'aliment à la religion napoléonienne, elle a facilité le nouvel empire.

Je le répète, en Europe ou en Afrique, une guerre était inévitable : les sacrifices d'hommes et d'argent ont-ils été moindres par l'occupation et les combats en détail depuis trente-huit ans que par une grande guerre européenne immédiate et rapide ? Je suis loin de le croire : la dépense a été de près de quatre milliards en Algérie; le chiffre exact de tous les hommes morts, non-seulement sur les champs de bataille, mais par les fièvres, la dyssenterie et toutes les maladies des armées en campagne, nous ferait reculer d'épouvante. Ces deux systèmes pourraient s'appeler du nom de deux de nos maréchaux qui les ont successivement pratiqués en Crimée : le maréchal Canrobert, l'homme aux bonnes intentions, soidisant ménager de la vie du soldat, restant dixhuit mois devant Sébastopol, plutôt que de risquer un assaut meurtrier, ne perd que quelques centaines d'hommes par jour dans la tranchée, quelques centaines gelés ou malades, mais il atteint en somme le chiffre effrayant de 80,000; le maréchal Pélissier, le dur soldat, offre résolûment au dieu de la guerre plus de 20,000 victimes en un jour, mais ce jour-là aussi s'empare de Sébastopol et termine la série des massacres.

Revenons à mon discours : Berryer écrivait le lendemain à ma sœur :

« ... Mon Dieu, que je suis en joie, pour vous et pour lui, du changement de position d'Edmond ! c'est tout à fait une ère nouvelle : plus de confiance en lui-même, plus de goût au travail et aux

occupations sérieuses; autour de lui une tout autre opinion de lui et une autre façon de l'apprécier. Voilà un grand bien! J'en ai eu contentement fraternel ou paternel. Aussi mon premier
empressement ce matin a été d'ouvrir *le Moniteur*
à la huitième colonne, et je me suis écrié à chaque alinéa : Bon! comme eût dit mon ex-collègue
Martineau. Oui, je suis content de la forme et du
fond, de l'à-propos de plus d'un trait et de la convenance du tout.

« Allons, bon! En voilà un de sauvé!... »

A mon insu et malgré mes recommandations,
deux camarades, le major Fraser et Auguste Romieu, alors préfet de la Dordogne, avaient été
témoins de mon succès. Romieu est bien connu
en un sens; sa figure a été comme le masque comique de sa génération; son esprit mystificateur,
son goût pour le champagne, sa mine d'employé
des pompes funèbres, son imperturbable gaieté
ont été trop de fois racontés dans les journaux ou
reproduits par la caricature. L'élève de l'École
Polytechnique, l'administrateur et l'écrivain ont
disparu sous la charge; cela n'est juste qu'à moitié. En politique, il était porté d'instinct vers la
force, et il la devinait là où elle était encore cachée;
sous Louis-Philippe, dès 1836, il avait adopté le
général Bugeaud. Beaucoup plus tard, ses deux
brochures : *le Spectre rouge* et *l'Ère des Césars*
ont eu une réelle importance : elle eût été im-

mense avec une autre signature que la sienne.

De la part de l'opposition, la discussion de l'a-
dresse avait été brillante à la Chambre des pairs.
Pendant le reste de l'année, un peu négligés par
l'opinion publique, nous avions en cette occasion
l'avantage d'aborder les questions principales
avant la Chambre des députés. Encouragés par
ce retentissement inaccoutumé, Montalembert et
moi, afin de rendre un peu de vitalité au corps
politique dont nous faisions partie, nous eûmes
l'idée de réclamer pour les bureaux la nomination
des commissions, désignées d'ordinaire par le
chancelier; notre but était de forcer ainsi la plupart de nos collègues à assister et prendre part à
la discussion provisoire des bureaux. Les craintes
que soulevait notre innocente conspiration, les timides adhésions, la peine que nous trouvions à
l'organiser, me donnaient une première fois la mesure de notre manque d'indépendance. Le trait
suivant montrera la surveillance policière à laquelle nous étions exposés et l'intimidation qu'elle
exerçait sur quelques-uns. Le duc de Bassano,
également respectable par son âge et sa longue
carrière administrative, cédant à nos instances,
consentit à attacher le grelot : nous conférions
avec lui sur ce sujet, le comte Montalembert et
moi; quelle ne fut pas notre surprise, en le voyant
s'alarmer, s'arrêter court à l'aspect d'un huissier,
et, comme je continuais à parler haut, me prier

d'attendre que le danger fût passé! Le 17 janvier, je pris la parole dans la discussion de cette proposition, qui n'eut d'ailleurs aucun succès.

Une loi destinée à améliorer le sort des aliénés avait été soumise à nos délibérations; après une étude consciencieuse du projet, des ouvrages des principaux aliénistes et la visite de plusieurs établissements de l'État, entre autres de la Salpêtrière, je pris la parole le 7 février. Je reprochais à la loi son caractère provisoire, insuffisant, la timidité de ses progrès, et, lorsqu'on n'hésitait pas à dépenser des millions pour l'essai d'un système cellulaire à l'égard des malfaiteurs, la mesquinerie des allocations attribuées par l'État à l'amélioration du sort des aliénés· J'appuyais sur cette circonstance que si, dans les établissements libres, destinés aux riches, beaucoup de fous s'étaient rendus par leurs vices coupables de leur folie, la plupart des pauvres pour lesquels je sollicitais la construction d'établissements convenables par l'État· avaient été conduits à la démence par la MISÈRE. C'est cette loi, votée en 1838, qu'il s'agit de refaire et de compléter aujourd'hui.

Le 2 avril, toujours préoccupés de l'anémie politique de la pairie, nous renouvelons la proposition de faire nommer à l'avenir les membres des commissions par les bureaux; elle est prise en considération, discutée, mais les conclusions du rapport, adoptées par la majorité, rendent presque illusoire le nouveau mode de nomination. Toutefois, plusieurs hommes considérables du parti conservateur, le baron Mounier, M. de Tascher, etc., s'émeuvent et forment une réunion préparatoire, en dehors des séances, à laquelle le duc de Crillon offrait son salon ; nous fûmes invités, Montalembert et moi, à en faire partie. Mais cet effort de vitalité ne tarda pas à se ralentir ; un vote approbatif étant toujours le dénoûment de ces essais d'opposition, après deux mois la réunion fut dissoute.

De cette série d'expériences vaines, je fus amené à conclure que l'état léthargique de la Chambre des pairs était constitutionnel, et que c'était dans la Charte seule et dans la suppression de l'hérédité qu'il fallait en chercher la cause. Le désir d'indiquer le remède m'inspira bientôt la brochure : *De la Chambre des pairs dans le gouvernement représentatif.*

Mais avant de parler de cette brochure et de ses résultats, je veux terminer l'exposé de mes travaux pendant la session. La Chambre des députés, usant de son initiative, avait proposé et adopté, malgré le ministère, une loi décidant la conversion des rentes. Bien plus, se méfiant de la volonté du pouvoir exécutif, elle lui avait imposé, en dépit de la résistance désespérée du président du conseil, un article 8 ordonnant que, dans les deux mois d'ouverture de la session suivante, il serait donné connaissance de l'exécution de la mesure. C'est cette loi, soumise à notre vote, dont la commission de la Chambre des pairs, par l'organe du comte Roy, son rapporteur, proposait le rejet : elle s'appuyait principalement sur l'inopportunité politique et financière. A mon tour, et par des motifs contraires, je crus devoir en demander l'adoption.

Cette fois, déjà plus à l'aise dans l'expression de ma pensée, me dégageant des formes convenues de la rhétorique parlementaire, et faisant un pas décisif vers la gauche, j'abordai hardiment la question politique. Je rappelai que, constitutionnellement, après le vote d'une loi qu'il désapprouvait, le ministère aurait dû donner sa démission ; que cependant, « malgré la méfiance injurieuse que renfermait l'article 8, le ministère était resté ferme dans sa place (*mouvement*), qu'il avait survécu à ses défaites, et que, meurtri de tant de chutes, il semblait rester inamovible. Enfin, messieurs, le ministère s'est résigné pour vivre (*murmures*) à une dernière et dangereuse ressource : hors d'état de se soutenir contre les efforts combinés des membres de la Chambre élective, il n'a pas craint de mettre en présence deux des grands pouvoirs de l'État. Après s'être soutenu pendant un an, par l'appui successif et du centre gauche et du centre droit, voyant l'impossibilité

de quelque nouvelle alliance dans une autre enceinte, il a déplacé le champ de bataille (*mou-*
vement), il nous a mis les armes à la main, et
il s'est fait le témoin de la Chambre des pairs :
reste à savoir si la Chambre des pairs voudra se
faire le champion du ministère. »

Par la vivacité de mes attaques, j'avais étonné,
irrité la majorité de l'assemblée, mais j'avais conquis mon rang comme orateur. Plusieurs de mes
collègues, à l'issue de la séance, se hasardaient
à me donner discrètement ce que le comte de
Montalembert appelait : *les approbations du cou-*
loir. La tribune des députés m'avait applaudi, et
l'un de ses membres, le chef éminent du parti radical, Garnier Pagès, entra de ce jour en relations
amicales avec moi.

On a pu voir, par ce résumé succinct de mes
travaux, que mon ardeur ne s'était pas ralentie
un seul jour. La session terminée, je publiai la
brochure citée plus haut : elle prouvait surabon-
damment la perte de notre indépendance politique
comme pairs de France, et elle demandait ins-
tamment qu'on nous la rendît, non dans l'intérêt
de la Chambre, mais dans un intérêt constitutionnel primordial, au moyen de l'hérédité ou de l'é-
lection. Une lecture attentive des débats auxquels
avait donné lieu la suppression de l'article 23 de
la Charte dans les deux Chambres, avait fait
naître en moi la pensée qu'en 1831 l'hérédité au-

rait eu pour adversaires, non-seulement les républicains, qui voyaient là un progrès vers la suppression de l'hérédité monarchique, et la foule peu éclairée des hommes qui voulaient punir un corps politique de sa rigueur excessive dans le jugement du maréchal Ney, ou de son indulgence à l'égard des ministres coupables de Charles X, mais encore le souverain nouvellement élu. Depuis, d'autres faits ont transformé cette pensée en une ferme conviction. Enfin, ma brochure contenait les accusations à l'ordre du jour, contre le cabinet du 15 avril, d'insuffisance, contre Louis-Philippe de gouvernement personnel, et semblait un prélude aux luttes de la *Coalition*. Elle fut citée, commentée, approuvée par la plupart des journaux, combattue par quelques-uns.

Avant de raconter la coalition parlementaire en faveur du principe : *Le roi règne et ne gouverne pas*, et la part que j'y ai prise, je crois indispensable d'exposer sommairement la situation, à cette époque, des trois pouvoirs, le roi, la pairie, la Chambre des députés; du corps électoral, de la garde nationale, du peuple, du clergé, de l'industrie; ce coup d'œil général fera le sujet des chapitres suivants.

XXI

LA CHARTE DE 1830

Je le répète en tête de ce nouveau fragment de mes Mémoires : ce qu'on va lire n'est qu'un exposé sommaire de la Charte, des trois pouvoirs constitutionnels en 1838, lorsqu'éclate la guerre entre la royauté et la Chambre élective sur cette question : *Le roi règne et gouverne, ou ne gouverne pas.* Le portrait du roi, l'esquisse de quelques-uns des principaux orateurs, le tableau des partis et des classes ne va pas au delà.

CHARTE DE 1830. — Le nom de l'architecte apparaît au seuil du monument : LA CHAMBRE DES DÉPUTÉS DÉCLARE, ETC.... Ainsi des journalistes ont protesté, des citoyens en uniforme de garde nationale, des élèves des écoles Polytechnique, d'Alfort, des étudiants ont dirigé les bandes insurgées, le peuple a vaincu, et la Chambre des Députés, hostile en majorité à la révolution, chez qui la résistance armée comptait à peine quel-

ques timides partisans ; la Chambre des Députés,
diminuée par soixante-treize démissions, s'empare de la victoire, confère la couronne, inspire
et vote la Charte nouvelle. Je sais tout ce qu'on
a dit des exigences de la raison d'État : le droit
divin supprimé, l'avénement de la bourgeoisie,
intelligente et riche, était dans l'ordre, et elle ne
pouvait mieux se personnifier que dans le chef
de la maison d'Orléans. Mais il semble que des
assises plus larges, un appel fait, non au suffrage universel, mais à celui des gardes nationales, une Chambre sortie d'une loi électorale
moins restreinte, sans rien changer à la désignation du monarque, auraient donné plus de solidité
à l'édifice.

Les modifications de la Charte de 1830 sont
importantes : elle supprime le préambule de 1814,
et remplace les libertés octroyées par les droits
naturels.

Le drapeau tricolore a été celui de l'insurrection triomphante ; les cris : *A bas les Jésuites !
A bas les Suisses !* retentissaient, mêlés à ceux
de : *Vive la Charte !* Article 67, elle adopte les
couleurs nationales ; renonce, article 6, au catholicisme, religion d'État, qu'elle qualifie de CULTE
DE LA MAJORITÉ DES FRANÇAIS ; et désormais,
article 13, aucune troupe étrangère ne pourra
être admise au service de l'État qu'en vertu d'une
loi.

Des trois pouvoirs dont se compose la machine constitutionnelle, la Charte :

1° Limite le pouvoir du roi par l'abolition des tribunaux d'exception, article 54; par la suppression de l'article 14, qui n'était à vrai dire qu'un danger, elle lui enlève le monopole de l'initiative des lois, la désignation du président de la Chambre des Députés; mais elle l'accroît par le droit de nomination à vie de tous les membres de la Chambre des Pairs;

2° Au moyen du nouvel article 23, qui remplace l'hérédité par le choix du roi renfermé dans le cercle des catégories, elle annule le deuxième pouvoir politique de l'État, celui de la Chambre des Pairs, dont elle fait une annexe de la couronne; mais elle lui accorde la publicité des séances et étend ses droits comme cour de justice;

3° Article 37, elle donne à la Chambre des Députés la nomination de son président; article 15, elle lui fait partager avec la royauté et la Chambre des Pairs le droit d'initiative des lois; article 47, elle lui reconnaît le droit d'accuser les ministres sans condition de haute trahison ou de concussion.

Article 66, la Charte confie le maintien des droits qu'elle garantit au patriotisme des gardes nationales et de tous les citoyens français.

Ainsi, on le voit, la bourgeoisie, à son avéne-

ment, fixe d'abord ses limites : la garde nationale
sera le point d'appui du nouveau règne ; les autres
CITOYENS ne sont nommés là que comme appoint,
et parce qu'au lendemain des journées de juillet,
il y aurait eu imprudence à les omettre. Au peuple, elle n'accorde aucun profit de la victoire, aucun droit politique ou social.

L'article 69 et dernier contient ce qu'on a appelé les promesses de juillet, réalisées peu à peu,
à l'exception de celle qui devait déterminer la
responsabilité des ministres et agents du pouvoir,
et de celle relative à la liberté d'enseignement.

Deux de ces promesses intéressaient le peuple :

1° La fixation du contingent annuel de l'armée;

2° L'organisation communale.

Mais le vote du contingent appartient aux députés, et le peuple ne concourt même pas à leur
nomination.

Le choix des conseillers municipaux est dévolu
aux plus fort imposés de chaque commune, dans
la proportion d'un dixième pour les communes
de 1,000 âmes et au dessous.

Il en est de la constitution de la commune
comme de la nomination des députés, comme de
la composition de la garde nationale elle-même;
partout un cens électoral, des droits de patente,
un triage, non fondé sur la possession de cer-

taines connaissances indispensables, mais sur une richesse relative ; partout, exclusion du peuple, c'est-à-dire des classes pauvres et salariées. Consignons toutefois que les maires et adjoints, nommés par le roi, ne pouvaient être pris que parmi les membres élus des conseils municipaux.

Deux observations compléteront ce résumé de la Charte de 1830. Comme on l'a vu, article 6, la *religion d'État* a été supprimée, mais on a maintenu le budget des cultes ; seulement on est entré dans cette voie déraisonnable et contradictoire de salarier indistinctement le catholicisme, religion de la majorité des Français, et les autres cultes chrétiens. Bientôt après, par une loi du 10 février 1831, l'État soldera encore le culte antichrétien des Hébreux. Ce qu'il faut voir sous cette généreuse tolérance, c'est la volonté persistante des gouvernements de maintenir à tout prix leur autorité politique sur les ministres des diverses religions : payer pour asservir.

Le même désir de conserver un puissant moyen d'action sur les classes riches a décidé, article 62, le maintien des titres de noblesse : « Le roi fait des nobles à volonté. » Néanmoins, obéissant au souffle égalitaire des premiers jours, en 1832 on abroge l'article 259 du Code pénal, qui punissait l'usurpation des titres. On prétend, par cette nouvelle tolérance, enlever toute valeur aux titres dont chacun pourra désormais s'affubler avec impunité ; mais au fond on ne veut pas plus la suppression de la noblesse, ancienne et nouvelle, qu'on ne veut la suppression d'un clergé salarié. On ne veut se dessaisir ni de l'influence que la nomination aux dignités ecclésiastiques, les traitements qui y sont attachés, toute l'habile organisation du Concordat, assurent au souverain, ni de la ressource presque inépuisable que lui procure le droit de créer des nobles à volonté.

En somme, qu'est-il résulté de l'abrogation de l'article 259 ?

La vanité française s'est-elle apaisée ? La manie des distinctions sociales a-t-elle diminué ? Bien au contraire : il en a été de la facilité des faux titres comme de la fabrication des bijoux faux; plus l'imitation des perles et pierres fines est parfaite et à bon marché, plus la passion des bijoux se généralise. 1830 a vu éclore la nombreuse génération des nobles spontanés ; les uns prenant le nom de leur village ou de leur département, les riches de leur terre; les autres voyageant pour essayer leurs titres à l'étranger; d'autres recevant leur blason des mains de leur carrossier, des domestiques du club où ils sont admis; pourtant les hommes scrupuleux se mettent en règle, les sollicitent et les achètent. Au total, il y a eu recrudescence de cette forme de la vanité.

XXII

LE ROI.

Mes rapports personnels avec le chef de la dynastie d'Orléans offrent peu d'intérêt. A partir de 1836, je faisais chaque année une visite aux Tuileries ; j'étais invité soit à un bal, soit à un dîner auquel je me rendais ponctuellement, afin de bien établir que, membre de l'opposition constitutionnelle, je n'étais ni légitimiste, ni républicain. Un jour j'ai eu audience de Sa Majesté, dans le but d'obtenir la pension de 12,000 francs dont jouissaient la plupart des pairs de la Restauration : il me fut répondu que cela était devenu impossible depuis la fixation de la liste civile en 1831. Chaque fois qu'il me voyait, Louis-Philippe me rappelait qu'il avait beaucoup connu M. de Shée, mon grand-père. Par exception, en 1841, à l'occasion de la loi sur les fortifications de Paris, la conversation se prolongea ;

mais, à mon grand regret, je laissai le souverain mal satisfait de l'inutilité de ses efforts pour me ramener à son opinion. Tel a été l'état des choses jusqu'à la fin de 1846, époque à laquelle j'ai cessé de me rendre annuellement au Château.

Ce n'est donc que par la lecture des mémoires publiés sur sa jeunesse, à l'aide de quelques paroles dignes de foi de ceux qui l'ont connu, et par l'étude de ses actes, que j'ai pu arriver à une appréciation équitable de l'homme qui gouvernait alors la France depuis huit années.

A mesure que l'histoire se fait, la vérité des actes et des caractères se dégage de la légende, des mensonges officiels et des fausses impressions du moment. Dans son admirable histoire de Napoléon Ier, M. P. Lanfrey fait justice de cette erreur accréditée qui consistait à voir dans Bonaparte deux hommes différents :

L'un, le premier consul, génie universel, guerrier, législateur, administrateur, pansant les plaies de la France républicaine, conciliant une sage liberté avec le rétablissement de l'ordre, les bienfaits de la paix, et qui finit en 1803 ;

L'autre, dont l'ambition grandit sans mesure avec l'empire, renversé deux fois par les efforts des peuples et des rois qu'il avait foulés aux pieds, et par l'abandon des Français, las de sa tyrannie. Il le prend dès l'enfance, et prouve jusqu'à l'évidence que la vie entière de Napoléon n'a été que le développement d'un caractère et des premières impressions qu'il a reçues.

On peut dire de même que le comte d'Artois, né avec les grâces, l'affabilité, la noblesse des manières, tous les avantages d'une écorce de roi, mais léger, compromettant, ignorant le danger, le premier à prendre un rôle dans le *Mariage de Figaro*, le premier à émigrer, indiquait déjà Charles X; le jeune homme annonçait le vieillard : c'est le même caractère qui, malgré les enseignements de l'exil et de l'âge, poussé par la dévotion comme il l'eût été quarante ans plus tôt par la galanterie, portait fatalement en lui l'élévation au pouvoir d'une maîtresse ou d'un favori, et la frivole sérénité avec laquelle, en 1830, il a signé les ordonnances.

Cette méthode d'investigation est celle que j'emploierai à l'égard de Louis-Philippe.

L'aîné des fils du duc de Chartres vient au monde en 1773; il est désigné d'abord sous le nom de duc de Valois. Dès qu'il a atteint huit ans, son père, dont on connaît l'intimité avec madame de Genlis, la consulte sur le choix d'un gouverneur à donner à son fils. Après avoir indiqué M. de Schomberg et d'autres contre lesquels s'élèvent diverses objections, le duc de Chartres lui propose, à elle qui élève déjà ses filles, de remplir également les fonctions de gouverneur. Madame de Genlis accepte, à la condition d'omnipotence. Elle s'éta-

blit à Belle-Chasse avec le duc de Valois et ses
deux frères, de Penthièvre et de Beaujolais, les
deux princesses, Adélaïde et sa sœur, auxquels
elle adjoint sa nièce et une jeune fille nommée
Paméla. Son système d'instruction et d'éducation
réaliserait encore un progrès notable sur ceux en
usage de nos jours; il était alors aussi neuf
qu'ingénieux. Elle a à sa disposition les ressources
de la richesse, et elle s'en sert avec discerne-
ment pour rendre à ses élèves l'étude facile et
souvent attrayante. Des domestiques anglais, des
jardiniers allemands, des professeurs italiens,
l'aident dans l'enseignement des langues vivantes;
elle invente la lanterne magique historique, les
spectacles-voyages, intéresse les enfants en leur
donnant des rôles dans des scènes d'histoire dont
le peintre David dirige la composition; M. Lébrun
est leur professeur de mathématiques, M. Alyon
de botanique et de chimie; elle fait quitter la
musique aux jeunes princes, qui n'avaient ni
oreille ni voix, et la remplace par le dessin, la
gymnastique, le jardinage, etc.; c'est elle enfin
qui les instruit en littérature. Son activité est in-
cessante; elle tient un journal quotidien dont
elle a fait de nombreuses citations dans les
Leçons d'une Gouvernante, publiées en 1790.
On y voit souvent répétées ces indications du
caractère du duc de Valois : « Un bon sens naturel peu commun... Il aime la raison comme les

autres enfants aiment les contes frivoles... Mémoire étonnante. » Et plus loin : « Esprit d'ordre, raison. »

En 1786, le grand-père du duc d'Orléans étant mort, son fils devient chef de la maison, et le duc de Valois prend à son tour le titre de duc de Chartres. Malgré la diversité des occupations, l'instruction du jeune prince est solide et non superficielle. Madame de Genlis lui fait apprendre successivement plusieurs métiers, entre autres ceux de tourneur, gaînier, fabricant de portefeuilles, constructeur de plans en relief; il excelle dans la menuiserie. Elle le conduit visiter les manufactures non-seulement à Paris, mais en province: elle veille à ce qu'il ait des notions d'hygiène, qu'il sache saigner, panser les plaies, et dans ce but elle le mène tout un hiver à l'hôpital.

Sur Louis-Philippe, l'influence de cette femme, jolie, pédante, ambitieuse et intelligente, a été immense. Jusqu'à dix-sept ans elle a été son gouverneur, sa confidente, et, après avoir lu certains passages, il est impossible de ne pas croire qu'elle a éveillé en lui un premier sentiment d'amour. Je transcris à l'appui de mon opinion la pièce intitulée : « UNE RÉPRIMANDE A M. LE DUC DE CHARTRES. »

« Je suis contente de vous tous.

« M. le duc de Chartres est un peu plus à la

« société et moins occupé de me poursuivre et
« de se mettre DANS MA POCHE.

« Il sait combien de prix j'attache à son amitié,
« mais il ne doit attribuer qu'à la mienne la ma-
« nière fâcheuse dont je le reçois souvent lors-
« qu'il oublie tout ce qu'il doit aux autres pour
« me suivre, se mettre à côté de moi, et enfin ne
« s'occuper que de moi, ce qui lui donne l'air
« niais d'un petit garçon qui n'ose pas s'é-
« loigner une minute de son mentor. D'ail-
« leurs, toutes ces préférences exclusives sont
« importunes et ne constituent pas la véritable
« amitié; ce ne sont point ces petites démons-
« trations qui la fortifient : il faut laisser les
« caresses et ces manières aux femmelettes.
« La confiance, l'estime, les procédés soute-
« nus, l'inviolable fidélité, voilà ce qui nourrit
« l'amitié.

« Enfin, je ne trouve rien de plus puéril, de
« moins fait pour un homme, que cette manière
« d'aimer que vous avez continuellement avec
« moi, et qui fait que vous n'écoutez et ne re-
« gardez que moi; que vous avez une tristesse
« invincible quand vous ne pouvez vous placer en
« voiture à côté de moi, etc., etc.

« Vous n'imaginez pas à quel point ces ma-
« nières vous rendent maussade pour les autres;
« vous devez être certain que je vous aime dans
« tous les moments de la vie, mais si vous avez

« envie de me plaire, soyez aimable pour tout le
« monde. »

L'empire de la sermonneuse, encore belle, sur
le duc de Chartres était tel que, lorsqu'à dix-sept
ans il est émancipé par son père, qui déclare son
éducation finie, il demande et obtient la faveur
de continuer pendant un an les leçons de madame
de Genlis. En garnison à Vendôme, il sauve un
douanier à la nage; c'est à elle qu'il envoie une
feuille de la couronne civique qui lui a été décer-
née pour ce trait de courageuse humanité, re-
portant à l'éducation qu'elle lui a donnée le mérite de son action. C'est près d'elle qu'il assiste
à la destruction de la Bastille ; elle le conduit au
club des Cordeliers, et se défend mal de l'avoir
fait recevoir au club des Jacobins. Rien d'ailleurs
de plus incohérent que les idées politiques de
cette ambitieuse; les convictions sont absentes,
tout se résume en un mot : PARVENIR.

Mais bien qu'elle continue à rester l'objet de
son culte, d'autres influences surviennent qui, en
politique, balancent et surpassent la sienne : celle
du duc son père, membre de la Convention sous
le nom de Philippe-Égalité, de MM. de Sillery (1),
de Laclos, de Dumouriez, celle enfin du grand
révolutionnaire Danton. Officier général de l'armée républicaine, le jeune duc contribue très-

(1) De Genlis.

énergiquement au gain de la bataille de Jemmapes, en ramenant sur les redoutes ses troupes ralliées qu'il enlève au cri de : « Bataillon de Jemmapes, en avant! » Il n'est pas moins brillant à Valmy; à Neerwinden, il fait preuve de sang-froid en couvrant la retraite.

Revenu sans ordre à Paris, avant de rejoindre l'armée, il avait eu une dernière entrevue avec Danton, lié, comme on sait, par des attaches de diverse nature et par une sympathie personnelle au fils de Philippe-Égalité. Un homme d'esprit, le bibliothécaire et l'ami du roi, Vatout, m'a raconté cette conversation singulière, qu'il tenait du monarque, sur qui elle avait fait sans doute une profonde impression. Je dois au comte de Montalivet, mon ancien collègue à la Chambre des Pairs, la confirmation du fait ainsi que l'exactitude des détails.

Instruit de la présence du duc de Chartres, Danton le fait venir place Vendôme, au ministère de la justice, dans son cabinet, dont les fenêtres donnaient sur une allée de tilleuls qui existe encore aujourd'hui.

— Jeune homme, que faites-vous ici? Ce n'est pas votre place; retournez à l'armée. C'est encore là qu'on est le plus en sûreté : tâchez de vous conserver.

Et comme le prince protestait contre la préoccupation de sa conservation personnelle :

— Quand je vous demande de vous conserver, ce n'est pas pour vous, mais pour les autres : la France péut avoir besoin de vous.

Ni les ardeurs de la lutte, ni les ruines dont il était entouré, ni la dictature exercée au nom de la République n'obscurcissaient le coup d'œil politique de Danton. Les paroles qu'on vient de lire semblent le commentaire de sa phrase célèbre : « On ne détruit que ce qu'on remplace. »

Forcé d'opter entre la guillotine et l'exil, le duc de Chartres, mêlé à la défection de Dumouriez, passe la frontière, mais aussitôt se sépare de son général, refuse de se joindre à l'ennemi et se réfugie en Suisse.

Il reste plusieurs mois avec sa sœur la princesse Adélaïde et madame de Genlis, obligé de changer souvent de résidence : partout sa présence trahit son incognito. Il se décide enfin à les quitter, voyage à pied, et demeure jusqu'en juillet 1794, professeur d'histoire et de mathématiques au collége de Reichenau, canton des Grisons, sous le nom de Chabaud-Latour.

Il connut alors la pauvreté, et, comme il le racontait un demi-siècle plus tard, au château d'Eu, à la reine Victoria, il avait vécu longtemps sur le pied de quarante sous par jour. Jusqu'en 96, il parcourt les contrées septentrionales ; à cette époque, sur la demande du Directoire, afin de faire cesser la captivité de sa mère et de ses frères, détenus en France, il consent à aller en Amérique ; là, il est accueilli par Washington, et trouve une bienveillante hospitalité.

De retour en Europe, en 1800, il joint à Londres les princes de la branche aînée des Bourbons, et réussit à un rapprochement malgré le souvenir du vote de son père. Jusqu'en 1807, il réside avec ses frères de Montpensier et de Beaujolais à Twickenham, qu'il ne quitte que pour accompagner à Malte son jeune frère atteint d'une maladie mortelle. De là, il va à Palerme auprès du roi Ferdinand IV, dont, en 1809, il épouse la fille aînée, Marie-Amélie.

C'est peu de temps après, et comme pour donner un gage de la ferveur de ses sentiments royalistes, qu'ayant été appelé par la junte de Séville à se mettre à la tête du parti national pour repousser l'invasion française, il se rend dans cette ville, adresse des proclamations, mais abandonné par ceux-là mêmes qui l'avaient invité à venir, se rembarque pour la Sicile.

En 1814, il revient en France, accueilli d'abord très-froidement par Louis XVIII, qui lui refuse même le titre d'altesse royale. Les sentiments d'affection qui unissent la famille des Bourbons l'emportent cependant sur les répugnances personnelles du roi ; le duc d'Orléans est investi par lui d'un commandement supérieur. A la nouvelle du débarquement de Napoléon, il court à Lyon, et forcé de rétrograder, mécontent de l'inertie du gouvernement, irrité de la faiblesse de la défense, il refuse d'accompagner Louis XVIII à Gand et retourne en Angleterre.

Quelle doit être la part de responsabilité du duc d'Orléans dans les efforts tentés par Fouché, duc d'Otrante, vers la fin des Cent-Jours, pour lui faire décerner, au congrès de Vienne, la couronne de France? C'est encore là un point obscur de l'histoire. Mon impression, fondée sur l'étude de son caractère, est qu'il fut informé, mais se borna plutôt à laisser faire. Fouché avait d'excellentes raisons pour préférer au chef de la branche aînée le fils de Philippe-Égalité; il envoya donc à Vienne M. de Saint-Léon proposer la candidature au trône de Louis-Philippe; le comte de Montrond vint de surcroît dans le même but. L'ambassadeur, prince de Talleyrand, entra dans le projet; il savait combien l'empereur Alexandre avait été blessé des airs de supériorité et de la roideur maladroite de Louis XVIII à son égard lors de la première Restauration; il se hasarda à lui indiquer, avec tous les arguments à l'appui, le choix du duc d'Orléans. Aussi, à la réunion suivante, l'empereur de Russie proposa inopinément au congrès d'examiner en quoi le duc d'Orléans pourrait convenir à la France et à l'Europe. La surprise fut extrême; le représentant de l'Angleterre, lord Clancarthy, se défiant de la proposi-

tion russe, la fit échouer en déclarant n'avoir pas
pouvoir pour traiter cette question nouvelle.

— Mais, dit-il, personnellement, je pense que
ce serait remplacer une usurpation militaire par
une usurpation de famille.

En voyant ce mauvais succès, M. de Talleyrand, comme s'il fût resté étranger à ce qui venait
de se passer, avertit Louis XVIII par une dépê-
che que Chateaubriand prétend avoir eue entre
les mains (1).

Cette tentative avortée de royauté, ainsi que
la conspiration militaire qui avait éclaté peu avant
le 20 mars, à laquelle était mêlé le nom du duc
d'Orléans, et dont Lefebvre-Desnouettes fut le
chef le plus compromis, jointes au soin qu'il avait
eu de se séparer des membres de la branche aînée, causèrent la disgrâce du prince au commencement de la seconde Restauration. Il dut s'exiler
à Twickenham, où il resta jusqu'en 1817. C'est
sur l'intercession pressante du comte d'Artois
que Louis XVIII consentit à écrire au duc d'Orléans une lettre de rappel. Le comte de Bruges,
aide de camp de *Monsieur*, racontait à ce propos
qu'après avoir signé, Louis XVIII aurait dit :

— Tenez, mon frère, et gardez cette plume ;
elle pourra vous servir un jour à signer votre ab-
dication.

_____

(1) Chateaubriand, *Mémoires d'outre-tombe.*

On m'assure que cette plume, donnée ensuite au comte de Bruges, figure encore aujourd'hui dans les souvenirs historiques de sa famille.

. Philippe d'Orléans, rentré dans sa patrie et dans ses immenses domaines, se conduit avec beaucoup de prudence et de modération; néanmoins il ne peut et sans doute ne veut pas empêcher que son nom serve de ralliement à l'opposition libérale. Il faut repousser comme sans valeur les assertions relatives à une prétendue protestation lors de la naissance du duc de Bordeaux; son mécontentement, d'ailleurs fort naturel, ne se trahit par aucun acte. Autant par goût que par calcul, il envoie ses fils au collége, il est universitaire, anti-congréganiste. De tous les arts, c'est la peinture qu'il préfère; il admet dans son intimité Horace Vernet; il s'associe à la popularité du peintre des scènes militaires et des batailles de l'Empire. Il voit des députés, des écrivains, des avocats, Lafayette, Benjamin Constant, Dupin, Barthe, Mérilhou, le comte de Kératry, Salvandy, Cauchois-Lemaire, le banquier libéral Jacques Laffitte, le poëte Béranger. Enfin, il surmonte ses habitudes d'économie en distribuant à propos quelques secours à des officiers en demi-solde; mais il est loin de conspirer. Il a gardé de l'exil la ferme résolution de ne plus émigrer, de son ancienne pauvreté un désir d'amasser, une crainte excessive de se trouver jamais, lui et les siens, au dépourvu : avant d'être ambitieux, il est propriétaire.

En 1822, M. Madier de Montjau, conseiller à la cour royale de Nîmes, avait adressé aux Chambres des pétitions dénonçant des actes de violence et de réaction renouvelés sans cesse dans le Midi sous l'impulsion d'un gouvernement occulte. Mandé à Paris par le ministre de la justice, M. de Serre, et jugé disciplinairement par la cour de cassation, la hardiesse de sa démarche l'avait fait adopter tout d'abord par les chefs de l'opinion libérale; il fut accueilli au Palais-Royal. Un mot du duc d'Orléans à M. Madier de Montjau résume, à mon sens, le plan de conduite que ce prince s'était tracé.

—Croyez-moi, monsieur, il n'y a qu'une manière raisonnable de conspirer : c'est la conspiration à portes ouvertes; dans celle-là on gagne tout, et on ne perd jamais rien, parce qu'on ne met pas d'enjeu.

Des prévenances envers les favoris de la popularité, de bonnes paroles, des serrements de main aux mécontents, quelques places données aux destitués pour opinion, c'est là tout ce qu'il se permet; il s'observe et il observe.

En 1827, à une grande revue passée par le roi, la garde nationale a osé proférer les cris répétés de : A bas Villèle! A bas les ministres! Charles X a commis la faute impardonnable de la

dissoudre, Louis-Philippe la rétablira ; il la pren-
dra non-seulement comme la base la plus large
de sa royauté, mais aussi comme le guide, le ba-
romètre à consulter pendant son règne.

Il a été également témoin de l'indépendance
d'une Chambre des pairs héréditaire ; il l'a vue
arrêter par ses votes les projets de lois les plus
importants de la couronne : le droit d'aînesse, la
conversion des rentes, modifier la loi du sacri-
lége, repousser la censure, contribuer à la chute
d'un ministère, et puiser une telle force dans ce
principe d'hérédité qu'une fournée de soixante-
treize membres n'a pu modifier sa majorité. Devenu chef de l'État, loin de tenter aucun effort
pour conserver l'hérédité, il s'associera volontiers
à ceux qui veulent l'abolir, à la condition qu'on
lui réserve la nomination des membres de la
pairie.

Enfin, en 1830, la révolution éclate, il attend ;
elle a le dessus, il écoute les ouvertures de
M. Thiers ; il se fait demander, il cède, il se dé-
voue.

Je n'examinerai pas ici s'il a tenu assez grand
compte des liens de famille, et s'il n'aurait pas
dû risquer son avenir et celui de sa dynastie pour
se faire accepter régent pendant la minorité de
Henri V : ces cas de conscience personnelle n'in-
téressent pas la nation. Je suis d'ailleurs convaincu qu'à Paris, après la lutte des trois jours,

aucun membre de la branche aînée des Bourbons n'était admissible; il a été accepté *quoique Bourbon*, parce qu'il était le représentant accompli de la classe moyenne, intelligente et riche, bénéficiaire de la révolution de Juillet. Des parrains tels que Lafayette, Jacques Laffitte, Béranger, les rédacteurs du *National* ont réussi à le faire acclamer du peuple comme « *la meilleure des républiques* »; une Chambre des Députés amoindrie et dépréciée s'est hâtée de le nommer avant de mourir. Un véritable ambitieux aurait fait procéder à une élection solennelle; il aurait tiré sa force de cette élection; lui, se contente d'à peu près, s'offrant à ses frères, les souverains étrangers, comme un pis-aller du droit divin.

Le nouveau roi a cinquante-sept ans, il est humain, prudent, instruit, bienveillant, de mœurs irréprochables, ferme et courageux; mais calculateur, fin, rusé, inaccessible à la politique de sentiment, aux élans d'imagination; il a une médiocre opinion de ses semblables, une dissimulation expansive, la passion des apanages, avec la capacité, la volonté de gouverner et la vanité de paraître gouverner.

La simplicité de ceux qui ont patroné cette royauté en l'entourant d'institutions républicaines, a été de ne pas comprendre que l'équivoque ne pouvait pas se prolonger; que, fatalement, la république devait dévorer la monarchie, ou la monar-

chie la république. Il fallait opter, et le choix du
roi ne pouvait être douteux : aussi mit-il d'abord
ses soins à miner les institutions républicaines,
puis à s'en affranchir par une lutte ouverte. Il
s'est soumis trop aisément à la nécessité de l'ingratitude ; mais, pour être juste, il faut reconnaître qu'après les victoires sanglantes de la
guerre des rues, Louis-Philippe a su régner et
prospérer avec une liberté limitée.

Politiquement ses fautes les plus graves selon
moi avaient été jusqu'en 1838 :

1° De n'avoir évité la guerre qu'au prix de
notre prestige, en sacrifiant successivement nos
alliés naturels : la Pologne aux insolences du
czar, l'Italie à l'*ultimatum* du prince de Metternich ; en renonçant à rendre française la Belgique, qui se donnait à nous. Peut-être l'audace
mieux que la faiblesse aurait-elle conjuré le fléau
de la guerre : en tout cas le système de condes-
cendance et d'oubli des injures, antipathique à la
nation, diminua le souverain, échauffa les haines,
et substitua la guerre civile à la guerre étrangère.

2° Roi constitutionnel, d'avoir aidé à l'annula-
tion du pouvoir modérateur. De sorte qu'à partir
de 1838, l'ordre matériel rétabli, Louis-Philippe
et la Chambre élective se sont trouvés face à
face, sans intermédiaire capable d'amortir les
coups ou de pacifier le débat, se disputant le
gouvernement du pays.

3° La plus grave de toutes, celle dont nous souffrons aujourd'hui, a été d'avoir amené la scission entre le peuple et la bourgeoisie; mais il n'a fait en cela que partager l'erreur de presque tous les hommes des classes aisées. On peut même dire qu'en s'étendant jusqu'à la garde nationale, sa vue était plus longue que celle de ses conseillers et des principaux chefs de la bourgeoisie, tous malthusiens, croyant aux maux nécessaires, la misère, l'ignorance, etc.; comme eux, il jugeait l'instruction primaire gratuite et obligatoire, une chimère; le suffrage universel, une chimère; le droit au travail, une chimère. A un mal trop intense, comme la détresse des ouvriers de Lyon en 1831 et 34, l'insurrection vaincue, il appliquait des calmants, mais jamais une solution économique : il ne la connaissait ni ne la cherchait.

Les deux premières fautes, purement politiques, lui sont personnelles; la troisième, politique et sociale, a été celle de sa classe et de son temps.

Je le louerais volontiers d'avoir recherché l'alliance de la libre Angleterre, si, avant de se jeter dans ses bras, il n'avait épuisé la série des avances dédaignées vis-à-vis de la Russie.

Au point de vue philosophique, et son système de paix absolue une fois admis, Louis-Philippe aurait pu, lui, dire avec vérité : « *Mon règne,*

c'est la paix.» Il a plus d'une fois répété : «N'est-
ce pas une belle chose que d'avoir une armée
capable de vaincre et de ne pas s'en servir?»
Sans doute, et une plus belle chose encore eût
été la suppression de l'armée elle-même. Mais,
quoi qu'on fasse, il est impossible d'oublier quelles considérations d'égoïsme politique se mêlaient
en lui à un sentiment supérieur d'humanité. Comme
il est advenu au siècle passé de l'esprit de loca-
lité et de province, le patriotisme aussi tend à
décroître; sous ce rapport, le roi devance son
époque : pendant vingt ans exilé, parcourant
l'Europe et l'Amérique, il est rentré plus cosmo-
polite, plus humain que patriote. Tel m'apparaît
le souverain qui, confiant dans sa capacité personnelle, après avoir usé en quelques mois Lafayette, Laffitte et Dupont de l'Eure, avoir utilisé
Casimir Périer jusqu'à la mort, subissait impatiemment le ministère présidé par le duc de Broglie, ayant pour collègues MM. Thiers et Guizot;
puis, à mesure que la révolution armée était
vaincue, l'ordre matériel affermi, à deux reprises
se débarrassait du chef de ce cabinet, adversaire
inflexible de sa prédominance dans le gouvernement; employait toutes les ressources d'un esprit
inventif à introduire dans chaque ministère un
germe dissolvant; stimulait les rivalités ; après
avoir relayé le 22 février avec M. Thiers, le
6 septembre avec MM. Guizot et Molé, compo-

sait enfin, le 15 avril 1837, une administration du comte Molé aux affaires étrangères, du comte de Montalivet à l'intérieur, serviteurs intelligents et dévoués de sa pensée politique.

XXIII

LA CHAMBRE DES PAIRS

Je n'énumérerai pas la liste trop longue des services que la pairie indépendante a rendus à la liberté sous la Restauration; j'ai déjà eu occasion dans mon étude sur le roi de signaler les plus importantes.

De tous ces faits, il serait permis de conclure que si l'hérédité n'eût pas existé en 1830, elle aurait dû être réclamée à cette époque, pour la pairie, comme la garantie essentielle de son pouvoir modérateur. Ce fut le contraire qui arriva : son déplorable effacement pendant les journées de Juillet, son mutisme et son inertie devan l'audacieuse violation de la Charte par les ordonnances avaient permis de révoquer en doute l'uti lité de son rôle politique : la Chambre des dépu tés, constituante sans mandat, expulse arbitraire ment tous les pairs, au nembre de quatre-vingt-quatre, nommés sous Charles X.

Comme cour de justice, la chambre des pairs avait condamné le maréchal Ney ; la France en avait gardé la mémoire. Un autre procès, celui des ministres de Charles X, augmenta, dans la capitale au moins, son impopularité ; cette fois la Cour des pairs mécontenta Paris par l'atténuation de la peine. Sous cette double impression de rigueur et de clémence, aux élections de 1831, beaucoup de mandats impératifs contre l'hérédité furent imposés aux nouveaux députés.

A ces dispositions généralement mauvaises à l'égard de la pairie, il faut joindre l'accord exceptionnel de deux ambitions rivales ne s'entendant que sur un seul point : la suppression de son indépendance. De la part des républicains, le désir d'annuler la puissance politique de la Chambre des Pairs afin de n'avoir plus à combattre que la royauté directement aux prises avec les représentants de la nation était fort naturel. De la part d'une royauté sincèrement constitutionnelle, ce même désir était insensé.

J'ai indiqué comment et sous quelle impression Louis-Philippe sur le trône fut l'adversaire de l'hérédité. Plusieurs preuves à l'appui de cette accusation se sont déjà fait jour, d'autres avec le temps ne manqueront pas de se produire. Qu'on relise tous les journaux ministériels de l'époque,

dans la presse officielle et semi-officielle on ne
trouvera pas trace d'une pensée favorable à l'hérédité. Si, à la Chambre des Députés, M. Guizot
et M. Thiers en prirent éloquemment et courageusement la défense, c'est, il faut le dire à leur
honneur, que tous deux étaient constitutionnels
aussi bien que royalistes ; comme Royer-Collard
et Berryer, ils se rendaient compte des nécessités
du gouvernement représentatif ; en 1838, on les
retrouve encore luttant, à la tête de la coalition,
pour le maintien du gouvernement parlementaire.
Mais les hommes, confidents et instruments de
la volonté royale, ont tous parlé et voté pour la
suppression de l'article 23 de la Charte.

On sait comment l'opposition, guidée par
M. Barrot, après avoir voté cette suppression en
haine du privilége, fut battue à son tour par une
majorité de vingt-huit voix quand elle voulut
faire passer un système d'élection combiné qui
cherchait à assurer d'une autre manière l'indépendance politique de la pairie : de sorte que le
pouvoir royal seul gagna, par ce vote, une dangereuse extension.

A la Chambre des pairs, qui devait consommer
son suicide, les indications sont plus nettes.

C'est d'abord le duc Decazes, rapporteur, in-
sérant, au nom de la commission, cette phrase
significative : « La royauté seule pourrait croire
gagner en pouvoir ce qu'elle perd en stabilité. »

Puis le marquis de Dreux-Brézé disant à ses collègues :

— Le pouvoir est ligué contre votre existence avec un fantôme d'opinion.

Le duc de Fitz-James, accompagnant sa démission de cette déclaration solennelle :

— La suppression de l'hérédité conduit à la république ou à un ministérialisme sans frein et sans contrôle..... Des mandats impératifs ont été imposés à beaucoup de députés par leurs électeurs, mais ces électeurs ont été trompés; il eût été imprudent de leur laisser voir que c'était le renversement du gouvernement représentatif que l'on avait en vue..... On condamne l'hérédité parce qu'elle est un privilége, mais en face de la souveraineté du peuple, qu'est-ce donc que le cens, sinon un privilége électoral?

Le comte Siméon, avec la lucidité de sa longue expérience, résumait le débat par ces paroles remarquables :

— De la question d'heredité dépend la réalité des trois pouvoirs, ou leur réduction à deux, avec l'ombre et l'insignifiance d'un troisième.

Enfin, le duc de Coigny, reprochant aux ministres leur indifférence et leur abandon, le mutisme de leurs journaux, les accusait d'avoir laissé enlever cette immense question avant toute discussion dans les colléges électoraux.

La réponse du ministre, M. de Montalivet, est curieuse à conserver :

— Nous n'avions, disait-il, que deux partis à prendre : ou faire de l'hérédité une question de cabinet, ou la livrer à l'opinion pure de toute intervention ministérielle. Dans le premier cas, c'était à l'avance la rendre impopulaire.

Ainsi un ministre, sorti de la majorité parlementaire, justifiait son abandon en disant que s'il n'avait pas défendu l'article 23 de la Charte, s'il n'avait pas fait de son maintien une question de cabinet, c'était par crainte de compromettre la question, en la faisant participer à son impopularité. Le contraire eût été plus exact. Mais la vérité, dégagée des ménagements du langage parlementaire, c'est que le roi était non pas indifférent, mais opposé à l'indépendance de la pairie.

Deux faits qui me sont personnels confirment cette opinion :

En 1838, je publie ma brochure : *De la Chambre des pairs dans le gouvernement représentatif.* En démontrant qu'une Chambre viagère, nommée par le roi, n'était plus qu'une annexe du pouvoir royal, je m'efforçais d'éveiller les sympathies du monde politique en faveur de l'hérédité, ou, comme pis-aller, de l'élection combinée. A mon agréable surprise, le *Journal des Débats* consacra un article important à l'éloge de ma publication. J'allai remercier son directeur : il me témoigna une vive sympathie, et des relations amicales s'ensuivirent. Peu de temps après, Armand Bertin me disait en riant :

— Mylord, vous ne vous doutez guère que vous avez valu au journal une grosse semonce de Sa Majesté : on ne veut plus, en aucune façon, entendre parler de l'hérédité.

Le second fait est autrement grave et concluant. En 1839, je combattais, dans les rangs de la coalition, les empiétements de la prérogative royale sur le dernier pouvoir resté debout, la Chambre des députés.

Je voyais souvent M. Thiers, le futur chef du cabinet du 1er mars ; un jour que je cherchais à lui démontrer l'utilité constitutionnelle de rendre la vie à la Chambre des pairs, et le beau rôle du ministre qui se présenterait demandant d'une main la réforme électorale, et de l'autre l'hérédité de la pairie :

— Ah ! me dit-il, je le crois bien ! contre l'hérédité je donnerais le suffrage universel. Mais mon programme est déjà trop chargé pour que j'y inscrive encore une question aussi épineuse.

Et sur mon insistance :

— Eh bien, voyez M. Pasquier, dites-lui que je vous ai engagé à en causer avec lui.

Le lendemain matin j'étais chez notre président. Avec la chaleur de ma conviction je lui exposai mon plan, m'autorisant du nom de M. Thiers.

— Je suis trop vieux, me répondit-il, il n'y a rien à faire. M. de Montalembert et vous, vous êtes jeunes, voyez, essayez, j'applaudirai à vos efforts.

Puis, enfin, impatienté :

— Vous voyez ces deux cartons, ils contiennent ma correspondance avec Casimir Périer en 1831 au sujet de l'hérédité : eh bien ! il n'en voulait pas, ou du moins *au-dessus de lui on n'en voulait pas.*

D'après cela, je ne mets pas en doute que les Mémoires du duc Pasquier, lors de leur publication, ne corroborent ma manière de voir sur la part que Louis-Philippe a prise, en 1831, à l'abolition de l'hérédité.

En insistant sur ce point capital, je n'ai, évidemment, d'autre intérêt que la recherche de la vérité historique. Mes regrets de l'hérédité étaient vifs alors parce qu'ils étaient mêlés d'espérances; ils seraient aujourd'hui sans objet. Profitant de la disposition générale des esprits à réclamer la sincérité du gouvernement représentatif, je travaillais de toutes mes forces à la résurrection d'un pouvoir, condition essentielle de ce gouvernement.

Quand il sera décidément mort, en 1848, je peindrai de souvenir ses principaux orateurs; je me contente à présent de les indiquer : le chancelier Pasquier préside et dirige les débats; les comtes Molé, de Montalivet sont au pouvoir; par son caractère, son âge, sa position de président du conseil, qu'il a deux fois occupée, le duc de Broglie, chef du parti doctrinaire, est le plus considérable des membres de l'opposition, M. Villemain le plus brillant de ses orateurs ; puis M. Cousin, plus spécial et moins politique, le duc d'Harcourt, le comte de Pontécoulant, Pelet de la Lozère, Bignon, le duc de Bassano; la légitimité avait pour interprètes le marquis de Dreux-Brézé et le vicomte du Bouchage; sans être en dissentiment habituel avec le ministère, le comte Siméon, le baron Mounier faisaient autorité; enfin le comte de Montalembert, jeune, ardent, aussi libéral que pouvait l'être le chef du parti catholique, grandissait en éloquence et en réputation.

La Chambre abondait en spécialités.

XXIV

LA CHAMBRE DES DÉPUTÉS

En 1830, l'avénement de la bourgeoisie se manifeste par les actes de ses députés : celui qu'ils proclament roi des Français est son véritable représentant; il en a les qualités, les défauts et les goûts; il a autant qu'elle la méfiance, l'amour de la richesse et du pouvoir; aussi, remaniant la Charte, prennent-ils leurs sûretés, même contre celui qu'ils ont choisi. Plus de tribunaux d'exception, de milice étrangère ou de garde royale privilégiée; la Chambre, magnifique envers son élu, lui vote une liste civile de 12 millions, et l'autorise à ne pas réunir ses biens personnels à ceux de la couronne, mais elle partage avec lui l'initiative des lois, désigne son président et se réserve le droit sans limite de mettre en accusation les ministres; car à côté du roi inviolable sont les ministres responsables. Louis-Philippe ne pourra

créer un sous-préfet, ni destituer un garde cham-
pêtre, sans le contre-seing du ministre. Après
ça, libre à lui de changer son ministère, de briser
une majorité opposante par une dissolution ; mais
si, après des élections successives, la majorité
persiste, il sera constitutionnellement forcé de
puiser ses agents responsables au sein de cette
majorité ; là est le terme : *Le roi règne et ne gouverne pas.* La Chambre commet pourtant une inconséquence : elle, dont tout l'échafaudage électoral repose sur le privilége de la fortune, elle
abolit le privilége de la pairie héréditaire, et
laisse au roi la nomination des membres de cette
assemblée.

Jusqu'en 1836, la Chambre des Députés a
présenté le tableau d'une majorité compacte,
unie par le danger, disciplinée par Casimir Périer, MM. Guizot et Thiers. Avec la dissolution
du ministère du 11 octobre commencent ses hésitations ; elle se divise quand, au 22 février,
M. Thiers compose une administration en dehors
de l'élément doctrinaire ; quand, au 6 septembre
M. Thiers, exclu à son tour, forme avec le
centre gauche un parti dont il est le chef. Enfin,
le ministère du 15 avril a été pris en laissant de
côté MM. Thiers et Guizot, — les doctrinaires
et le centre gauche, — dans la majorité qui accepte le gouvernement personnel.

Pendant un an l'orage gronde, les défections

se préparent au milieu des luttes intestines ; des
élections générales ont rendu les hostilités plus
ardentes. Au printemps de 1838, à l'occasion
des fonds secrets, un premier engagement a lieu.
Avec sa parole spirituelle et incisive, le comte
Jaubert ouvre le feu ; mais M. Guizot ne peut se
résoudre à attaquer franchement ceux qu'il a si
longtemps défendus ; dans son trouble il frappe à
regret, et le plus souvent tire en l'air ; témoin de
sa faiblesse, M. Thiers garde le silence : la bataille est remise à la session prochaine.

Les diverses fractions dont se composent les
deux armées sont :

Pour l'opposition,

LA DROITE LÉGITIMISTE, guidée par M. BERRYER.
Le duc DE FITZ-JAMES, grand seigneur libéral,
ayant trop de talent pour connaître l'envie, avait
donné l'exemple de la discipline. Sa mort fut une
perte, et pour son parti, et pour celui qui en avait
la direction. Des rivalités médiocres s'étaient fait
jour : le marquis DE LA ROCHEJACQUELEIN et le
duc DE VALMY supportaient impatiemment la supériorité d'un simple avocat, admise sans conteste
par MM. DE LARCY, DE SURRIAN, DE LABOULIE,
DUGABÉ, et une vingtaine d'autres.

LA GAUCHE RÉPUBLICAINE, dont FRANÇOIS ARAGO
était l'illustration, et GARNIER-PAGÊS aîné, secrétaire, de 1830 à 1834, de la société *Aide-toi, le
ciel t'aidera,* le membre le plus important.

Les premiers ministres de Louis-Philippe, Jacques Laffitte et Dupont de l'Eure s'y étaient ralliés ; Audry de Puyraveau, Voyer-d'Argenson, le maréchal Clauzel, ex-gouverneur de l'Algérie, et le général Thiars leur donnaient la main ; elle venait d'acquérir deux précieux talents de tribune : Martin de Strasbourg et Michel de Bourges ;

Cormenin était l'écrivain du parti ;

Mauguin et Salverte tenaient une position isolée entre les radicaux et les dynastiques.

Le centre droit ou les doctrinaires. L'homme le plus justement considéré de l'Assemblée, celui qui avait le plus fait pour l'établissement de libertés constitutionnelles, et dont les discours sur la presse et sur le jury n'ont laissé à ses successeurs que la ressource de le citer à ropos, M. Royer-Collard, attristé par la chute de la branche aînée, depuis l'abolition de 'hérédité de la pairie, gardait le silence du découragement.

Le parti marchait sous la bannière de M. Guizot ; les plus considérables comme orateurs ou écrivains, sont :

MM. de Jaubert, dont j'ai déjà parlé ;

Duchatel, de l'école du bon sens en politique, comme Ponsard en littérature, sans élévation, mais spécial sur beaucoup de questions ;

De Rémusat, esprit généralisateur, libéral et

15

philosophique, fin et délicat, préférant trop la pensée à l'action;

DUVERGIER DE HAURANNE, courageux, consciencieux, développant les doctrines constitutionnelles, et allant jusqu'où la logique le mène;

DUMONT, caractère incertain, paresseux, mais d'une éloquence facile et persuasive;

HÉBERT, clair, sagace, énergique;

VITET et d'HAUBERSAERT, confidents de M. GUIZOT; PISCATORY, ex-officier de cavalerie, repartie vive et franc parler;

Le plus remuant sans contredit, M. JANVIER.

Sans principe bien défini, le CENTRE GAUCHE ressemblait aux terrains formés d'alluvions: des ministres en espérance, des ministres tombés en composaient les diverses couches. Les orateurs étaient nombreux:

MM. DUPIN aîné, procureur général à la Cour de cassation, quand il n'était pas président de la Chambre;

SAUZET, son compétiteur au fauteuil;

VIVIEN, conseiller d'État;

DUFAURE et BILLAULT, avocats;

PASSY et GOUIN, financiers;

THIERS, l'âme, le chef reconnu de tant d'ambitions indépendantes, et ses deux aides de camp dans les manœuvres de la tactique parlementaire: les comtes ROGER du Nord et MATHIEU DE LA REDORTE.

Le gros de l'armée, LA GAUCHE DYNASTIQUE, était commandé provisoirement par M. ODILON BARROT, ayant pour lieutenants MM. CHAMBOLLE et HAVIN;

MM. NICOD, magistrat, dont la parole trop rare exerçait une juste influence ;

GLAIS-BIZOIN, le spirituel interrupteur ;

LHERBETTE, l'adversaire de la Liste civile, le dénonciateur des coupes sombres;

Le marquis DE MORNAY, gendre du maréchal Soult, DE CHARAMAULE, ISAMBERT étaient les plus marquants.

Le CENTRE, gouvernemental, surpassait encore en nombre les diverses fractions de l'opposition; pourtant la défection des doctrinaires et des membres du centre gauche avait diminué sa supériorité numérique et l'avait privé de ses organes les plus éloquents. Ses chefs actuels, les comtes MOLÉ et DE MONTALIVET, appartenaient à la Chambre des pairs.

Malgré une parole facile, MM. DE SALVANDY, MARTIN (du Nord) et LACAVE-LAPLAGNE étaient secondaires. CHARLES TESTE avait plus de talent que de considération. M. VIENNET était un ami violent et dangereux.

A l'exception de M. LIADIÈRES, les aides de camp du roi prenaient rarement la parole.

L'illustre philosophe JOUFFROY, dégoûté et mortellement malade, donnait des conseils, souffiait des citations, suggérait des idées plus volontiers qu'il ne se mêlait aux luttes de la tribune.

ÉMILE DE GIRARDIN était plus redoutable comme publiciste que comme orateur.

Un excellent homme, M. CUNIN-GRIDAINE, prêtait ses salons et son nom à la réunion des conservateurs.

Seul, M. DE LAMARTINE apportait à la majorité la puissance encore neuve de sa parole.

La grandeur de la question, la différence minime du nombre des votants des deux parts devaient passionner le débat. Convaincre et détacher une vingtaine d'esprits flottants, indécis, partagés, incapables par eux-mêmes et attendant la lumière, tel était le but, et tels sont en somme les plus beaux triomphes de l'art oratoire.

Parmi les chefs de l'opposition, quatre ont été ou sont encore la gloire de la tribune française, excellant par des moyens divers. Rien d'ailleurs de plus personnel, de moins imitable que l'éloquence. Un génie, quel qu'il soit, ne saurait faire école.

Grands orateurs et petits hommes d'État, MM. Guizot et Thiers n'ont entre eux aucun autre trait de ressemblance. D'abord journaliste, M. THIERS, député, a fait son apprentissage aux dépens de ses collègues ; mais il n'a pas tardé à passer maître. Sa parole est simple et familière, elle captive par un air de bonhomie et de camaraderie,

elle éclaire en amusant ; dépouillée de pédan-
tisme, elle est une sorte d'enseignement mutuel ;
il s'adresse au sens commun ; il n'y a pas de
question si aride qu'il ne relève par des traits
d'esprit ; il abuse des protestations de bonne foi
et d'honnêteté, et pourtant, en politique, son
côté faible est la moralité ; les mesures qu'il défend ou combat sont à ses yeux, politiques ou
impolitiques, habiles ou maladroites ; justice,
droit, devoir, s'il en parle, ne tiennent que le
second rang. Dans les questions militaires et
financières, il éblouit et s'éblouit lui-même par
les masses d'hommes et de millions qu'il remue,
faisant dire aux chiffres et aux statistiques ce
qu'il veut. Je cherche souvent avec inquiétude
ce qui peut être le plus funeste aux hommes, ou
de pratiquer, comme M. Thiers, la religion du
succès, ou d'étaler, comme M. Guizot, des principes supérieurs qu'on fait fléchir suivant les besoins de sa cause. M. Thiers, prolixe, intarissable, a l'art de se faire suivre de ses auditeurs
jusqu'au bout de ses plus longues harangues ;
pendant ces huit premières années, il ne leur
sert sur chaque question que de la science toute
fraîche à l'appui d'idées déjà vieilles ; il a adopté
des autorités : Talleyrand, affaires étrangères ;
Napoléon, guerre ; l'abbé Louis, finances, et il
ne s'aperçoit pas que ces hommes de la Constituante, de l'Empire ou de la Restauration, nés un

demi-siècle plus tard, auraient pris l'état présent
comme point de départ et progressé sur eux-
mêmes : de là ses théories surannées. Sa personne est petite, sa voix perçante arrive aux
oreilles les plus endurcies, son geste est vif et
provoquant; sa personnalité est énorme ; il ne dit
pas *la* politique de conservation ou de liberté, de
paix ou de guerre, mais *ma* politique ; il ne dit
pas *la* France, mais *mon* pays. Non-seulement
il est toujours convaincu que la raison est de son
côté, l'outrecuidance de sa conviction est encore
un de ses moyens de persuasion : « Mon argu-
ment est irréfutable..... Je mets au défi..... Il
n'y a que des insensés..... Il est absurde de contester..... » sont les habitudes un peu proven-
çales de sa dialectique ; ses auditeurs convertis
se trouvent de l'esprit, du bon sens, savent la
question, possèdent la vérité, répètent ses épigrammes et prennent leur part de son triomphe.
Enfin, souvent ingrat envers la Révolution et la
liberté, dès qu'il les défend il s'ennoblit, grandit,
et son enthousiasme éphémère parcourt l'assemblée.

La tête de M. Guizot dépasse de bien peu
celle de M. Thiers, mais il y a tant de dignité
dans son maintien, de majesté dans son geste,
de domination dans son regard, que personne,
je crois, ne s'est aperçu qu'il fût petit; son
organe est beau. L'histoire et la philosophie sont

de son domaine ; il élève la discussion, la générali-lise, monte avec la métaphysique jusque par delà les nuages ; l'auditoire, flatté de se voir transporter à de telles hauteurs, admire de confiance, applaudit sans comprendre. Les mots : *ordre, paix, stabilité*, sont les points de repère de ses discours ; délicieux reposoirs pour les membres *satisfaits* de la majorité, étoiles fixes du ciel doctrinaire. S'il veut empêcher une réforme, arrêter un élan généreux, obtenir une loi contre la liberté, il descend des sphères sereines, assombrit l'horizon, déchaîne les tempêtes, fait appel à la cupidité, à la peur, et, par l'autorité de son langage, apprend à ceux qui sont atteints de ces passions basses à ne plus en rougir ; il impose plus qu'il ne persuade. Longtemps exercée dans les cours de la Sorbonne, sa parole est pure et sévère ; en dehors de l'instruction publique, il est étranger aux questions spéciales, et n'a jamais abordé les discussions de chiffres. M. Guizot a toute sa valeur comme orateur du pouvoir ; dans l'opposition, il est inférieur à M. Thiers.

Pour éviter le danger du panégyrique, je suis en quête de reproches à adresser à BERRYER orateur. Son improvisation est souvent incorrecte, mais comment égaler l'ampleur de sa phrase, la mâle expression de sa pensée, l'ordre habile de son argumentation, les belles proportions de son discours, le tact, la mesure, qui au

milieu des orages les plus violents, dans les plus
véhémentes apostrophes, lui fait atteindre le but
sans le dépasser jamais ? Les principes du défenseur du droit divin sont antipathiques à l'assemblée, mais le son de sa voix, son geste, son regard le mettent d'abord en communion avec elle;
il lui expose les questions de chiffres les plus ar-
dues, et elle en saisit les moindres détails; dans
les discussions où l'honneur, le patriotisme sont
engagés, elle s'élève ou s'indigne avec lui. L'ironie de Berryer est poignante; ennemi de l'alliance anglaise, il prononce ce seul mot — L'Anglais — de manière à réveiller tous les souvenirs de Poitiers, d'Azincourt et de Waterloo; il
descend de la tribune, et un député dévoué à
Louis-Philippe, le général Jacqueminot, l'embrasse en pleurant. Tant que dure le retentissement de sa parole, les organisations nerveuses,
les hommes chez lesquels le cœur l'emporte sur
la raison lui appartiennent de plein droit : il les
force à adorer ce qu'ils détestent, à mépriser ce
qu'ils adorent. Le lendemain, il est vrai, s'effa-
cent ces prodigieuses métamorphoses; il ne faut
pas espérer que l'art de la parole aille jamais
plus loin.

Garnier-Pagès. Le passé est vaincu, on s'en
éloigne sans le craindre; au contraire l'avenir
est menaçant : là est le secret de la tolérance
de la majorité à l'égard des légitimistes, quand

elle s'irrite au moindre mot d'une profession de
foi républicaine. Garnier-Pagès a été nommé
député en 1831, par le département de l'Isère, à
une immense majorité; malgré ses préventions
contre le secrétaire de la société *Aide-toi, le
Ciel t'aidera,* la Chambre dut l'admettre; seul,
Casimir Périer, se levant à la contre-épreuve,
protesta contre cette admission.

La position de l'orateur radical est dangereuse
entre toutes : une délicatesse infinie, une prudence consommée, alliées à la jeunesse, aux ardeurs des convictions généreuses, la souplesse et
la droiture, la modestie et le talent lui sont nécessaires pour se faire écouter...

En 1834, il proteste avec énergie contre la loi
qui interdit les associations.

— La société *Aide-toi* vous paraît nuisible depuis que vous vous en êtes servis et que vous en
avez profité, depuis que par elle vous êtes devenus ministres.

Et prédisant l'avenir :

— Sachez-le, dès qu'on ne pourra plus s'associer légalement, on conspirera.

En finances, en industrie, en commerce, il indique déjà une capacité supérieure.

En 1838, la question agrandie du gouvernement royal ou du gouvernement parlementaire
permet aux opinions extrêmes de s'associer à la
coalition; sans rien céder de ses principes, il ré-

clame le gouvernement par les élus du pays légal, pas décisif vers le gouvernement de la nation par elle-même : il combat sans illusion et sans ambition, mais avec une activité infatigable.

Les sessions suivantes révéleront toutes ses qualités d'orateur; la mort seule arrêtera ses progrès.

A côté de ces quatre orateurs, LAMARTINE, chef sans soldats, commence à déployer ses ailes; il plane suspendu entre de vagues instincts de réforme sociale, le goût de l'ordre, l'amour de la liberté, l'esprit de conservation, le respect des ruines : le centre, décapité par la volte-face de MM. Thiers et Guizot, sera son armée.

Après ceux que je viens de citer, tous les autres, quels que soient leur importance et le nombre de leurs adhérents, même M. ODILON BARROT, ne sont que de second ordre. Un vieux carliste, ennemi acharné de notre révolution, disait de lui : « C'est Jocrisse chef de brigands. » Doublement injuste : M. Odilon Barrot n'est pas si niais, et nous, membres de la gauche, méritions bien plutôt d'être appelés le parti des bonnes intentions.

A la tribune, sa voix, éclatante au début de chaque période, terminait la phrase en basses profondes inaccessibles à la moyenne des auditeurs, d'autant plus émouvante qu'elle semblait se perdre dans les replis de sa conscience. Il avait la parole honnête et convaincue, solennelle et emphatique de M. Marty dans *le Bourreau d'Amsterdam;* comme M. Moëssard (1), il était le prix de vertu de l'opposition jusqu'au jour où, reniant son passé, ministre de Napoléon, complice de l'expédition romaine...

Mais je me console en songeant que mes Mémoires n'allant pas au-delà de la révolution de Février, je n'aurai pas à noter la plus inexcusable de ses faiblesses.

Il ne savait rien en finances, rien en économie sociale, peu de chose en administration intérieure, moins encore en politique étrangère ; mais il était le porte-voix de l'indignation publique : il excellait dans les incorruptibles, flétrissait d'un fer chaud les courtisans, la vénalité et l'agiotage. Malheureusement la fermeté manquait à l'avocat des nobles sentiments, et bientôt nous le verrons céder en fait la direction de ses gros bataillons à M. Thiers, le tacticien habile et résolu du centre gauche.

---

(1) Artiste estimable de la Porte Saint-Martin, qui obtint le prix Montyon décerné par l'Académie française.

XXV

LA BOURGEOISIE avait supplanté au pouvoir la minorité *ultrà*-royaliste et *ultrà*-catholique, qui l'exerçait sous Charles X, et s'était isolée des masses en conférant tous les droits politiques à la richesse. La plupart des intelligences cultivées sortaient de son sein, et néanmoins elle avait si peu le goût de l'intelligence que, pendant dix-huit ans, elle se refusa à l'adjonction des capacités. Elle voulait le gouvernement de ses députés, l'instruction pour elle, la liberté pour elle, la religion pour les autres. Une aristocratie financière et industrielle fait les emprunts, maintient les droits prohibitifs et protecteurs, et n'a construit jusqu'en 1838 que des chemins de fer de luxe comme ceux de Saint-Germain, Versailles rive droite, Versailles rive gauche ; résultat ruineux de la rivalité des Rothschild et des Fould, qui devaient ajourner en France l'esprit d'association.

LA GARDE NATIONALE, expression la plus large
de la classe moyenne, a combattu l'émeute avec
un courage qui va parfois jusqu'à la fureur ; elle
a l'amour de l'ordre et de la paix, et pourtant
elle souffre dans sa fierté de l'attitude du roi à
l'égard des puissances étrangères ; elle est en majorité de l'opposition dynastique, et verrait volontiers s'abaisser jusqu'à elle le cens électoral.

XXVI

LE PEUPLE

Le peuple. Trop peu éclairé pour discerner dans Napoléon le vrai coupable, le peuple de Paris avait sur le cœur les deux invasions, suivies chaque fois de la rentrée des Bourbons. Un roi *cul-de-jatte* (1) et un *roi jésuite* (2) ne lui avaient inspiré ni sympathie ni respect; il connaissait les noms de Lafayette, de Manuel, du général Foy, de Benjamin Constant et chantait Béranger; mais, étranger aux droits politiques, il n'attaquait ni ne conspirait. En 1830, pendant deux jours, les efforts de la bourgeoisie furent vains pour lui faire comprendre la portée des ordonnances et la violation de la Charte : la fermeture des ateliers, l'appel des ouvriers typographes, l'exemple de quelques gardes nationaux et de la jeunesse des

(1) et (2) Sobriquets populaires.

écoles l'entraînèrent, et la vue du drapeau tricolore le souleva. Mais il renonça vite au cri de :
Vive la Charte! pour ceux de : *A bas les `Bour-
bons! A bas les Suisses! A bas les calotins!*

· Après la victoire, on l'appela : héroïque! admirable! magnanime! On honora ses morts, on
soigna ses blessés, on souscrivit pour ses orphelins et ses veuves; quelques-uns même reçurent
la décoration de Juillet, présent funeste dont le
port devenait bientôt un motif d'arrestation, ou
tout au moins de surveillance de la police. Parmi
les cris du combat je n'ai pas cité celui de : *Vive
la République!* parce qu'à cette époque c'était surtout dans la bourgeoisie et parmi les lettrés que
se trouvaient les républicains. En dehors de ces
souscriptions et de ces honneurs, aucun droit politique direct ou indirect ne fut reconnu au peuple;
aucune préparation à l'exercice d'un droit, aucune espérance ne lui fut donnée; dans l'ordre
matériel, comme toujours au lendemain des révolutions, les octrois, les impôts de consomma-
tion, privatifs pour le pauvre, furent momentané-
ment supprimés, puis quand la ville eut réparé
doucement le désordre de sa toilette, que chacun
se fut casé, on les rétablit : tout fut oublié.

Les efforts de l'assistance publique sous le
nouveau règne ont été louables, mais quand leur
résultat aurait été double ou triple, quand les
dons, cessant d'être volontaires, auraient revêtu

la forme de l'impôt, et se seraient élevés au chiffre énorme de la taxe des pauvres en Angleterre, et en admettant que la distribution en eût été faite avec intelligence et impartialité, sans distinction d'opinion ni de croyance, il n'y aurait eu encore là qu'un palliatif onéreux et insuffisant ; car la masse saine du peuple ne peut être satisfaite que par le travail. Des caisses d'épargne furent fondées et leur nombre s'accrut rapidement ; mais cette institution, excellente pour la petite bourgeoisie et la domesticité qui n'a pas à pourvoir à ses premiers besoins, ou même pour l'ouvrier célibataire, devait sembler une amère dérision aux familles de prolétaires traversant la vie entre la misère et la pauvreté.

L'instruction primaire avait été une des promesses de juillet. Gratuite comme la lumière, obligatoire comme l'impôt du sang, elle aurait élevé l'intelligence du peuple et sa moralité, elle aurait préparé de loin son admission aux droits politiques, et l'eût incorporé à la bourgeoisie. En 1833, M. Guizot, ministre de l'instruction publique, a eu l'honneur de faire presque doubler par les Chambres le chiffre de 1,900,000 francs, consacrés à l'instruction ; que M. Guizot ait élaboré seul le projet, ou l'ait rédigé sur des notes rapportées par M. Cousin de sa mission en Allemagne, cela n'enlève rien au mérite du ministre ; mais il est triste de penser qu'il a fallu son talent et son autorité pour faire accepter des Chambres une allocation de trois millions sur la répartition du budget, quand cinquante millions auraient été nécessaires pour conférer les connaissances premières à tous les Français. Nul fait peut-être ne montre plus clairement l'insouciance maladroite de la bourgeoisie à l'égard « de la vile multitude (1), » et sa répugnance à se l'assimiler.

Je n'entends nullement rendre le gouvernement responsable des conséquences inévitables de toute révolution.

Le faubourg Saint-Germain, privé de son roi légitime, suspendait ses dépenses ; les industries de luxe chômèrent ; les troubles politiques inquiétaient le commerce, effrayaient les capitalistes ; on vendait peu ; on cessait de fabriquer ; le peuple souffrit et devint mécontent. L'ouvrier, condamné à l'oisiveté, assistait à l'émeute, s'y mêlait quelquefois. A côté des besoins, les sentiments ; ces hommes à l'intelligence inculte, engourdie par l'excès des travaux journaliers ou par les dures privations du chômage, incapables de défendre leurs intérêts, sont sensibles à la gloire, à la grandeur du nom français, oublient leurs maux pour épouser la cause d'une nation opprimée : la paix achetée par l'abandon de la Pologne les avait indignés. Ses colères, qui avaient éclaté à l'oc-

_____

(1) Expression de M. Thiers.

casion de la prise de Varsovie, jointes au souvenir encore chaud de la victoire de Juillet, au dénûment, au mépris de la vie, à l'attrait du danger avaient poussé en juin 1832 plus d'un enfant de Paris à s'unir aux insurgés républicains : il y en eut moins en 1834.

Les *Paroles d'un croyant*, lues par tous ceux qui savaient lire, avidement écoutées par les autres, avaient fécondé le germe démocratique. La masse tendait à se séparer de la bourgeoisie, mais n'était encore ni républicaine ni socialiste : ce sont les membres de la *Société des Droits de l'Homme* qui, les premiers propagèrent les doctrines communistes dans la classe ouvrière, et principalement comme moyen de recrutement; il y avait d'ailleurs analogie entre des Jacobins autoritaires et des communistes autoritaires.

Après la loi de 1834 contre les associations, il arriva ce que Garnier-Pagès avait prévu, elles se transformèrent en sociétés secrètes et en foyers permanents de conspiration. Les révolutionnaires les plus ardents de la *Société des Droits de l'Homme* créèrent la *Société des Familles :* en 1836, le nombre des initiés s'élevait à 1,200; un complot avorté amena l'arrestation des principaux chefs; une nouvelle organisation eut lieu sous le nom de *Société des Saisons*, qui ne comptait pas plus d'un millier d'adhérents. Par là, il est facile de voir combien était restreint le nombre des soldats réguliers de l'émeute.

Deux hommes remarquables par leur vertu et leur dévouement à l'enseignement du peuple, Buonarrotti, ancien *carbonaro*, babouviste, et Charles-Antoine Teste avaient groupé autour d'eux des jeunes gens pauvres, laborieux, et quelques ouvriers ; avec des nuances, le *communisme*, c'est-à-dire le sacrifice de la liberté à l'égalité était le fond de leurs doctrines, seul il avait prise sur le peuple ; car le *saint-simonisme*, né sous la Restauration et qui avait eu son éclosion en 1830, avait passé sans exercer sur lui presque aucune action ; le *Positivisme* était trop scientifique, le *Fouriérisme*, quoiqu'il parlât à l'imagination avec sa théorie passionnelle et ses déductions féeriques, n'y avait pas trouvé d'accès ; jusqu'en 1838, on ne pourrait pas citer dix ouvriers phalanstériens.

Plus tard, j'aurai à constater une expansion graduelle des idées de réforme sociale et la naissance d'un certain nombre de feuilles populaires. Je résume ainsi la situation du peuple en 1838 : il ne comptait pas à Paris et à Lyon plus de huit à dix mille républicains, plus de trois à quatre mille socialistes, à peu près tous communistes ; mais, quoique moins misérable qu'en 1831, il était mécontent.

Tenu à l'écart du pays légal, il s'habituait à ne

rien attendre, à ne rien espérer de son roi ni de son gouvernement.

La scission devenait chaque jour plus profonde.

XXVII

LE CLERGÉ

De 1815 jusqu'à l'assassinat du duc de Berry, l'action du CLERGÉ avait été restreinte ou souterraine ; Louis XVIII le craignait plus qu'il ne l'aimait. Cependant l'entrée aux affaires de MM. de Villèle et de Corbières avait accru son influence : es jésuites multipliaient leurs écoles, les missionaires entraient en campagne ; de Maistre, de Bonald, de La Mennais avaient fondé et achevé l'édice de la *philosophie catholique ultramontaine*. En 1825, le clergé était monté sur le trône avec Charles X ; par ses affiliations laïques, la Conorégation enveloppait les hautes classes comme ans un réseau; mais la bourgeoisie, en grande artie, le peuple entier, lui étaient hostiles. Pour aincre cette opposition, le clergé en majorité se ontrait intolérant, provocant, persécuteur, souien zélé de l'arbitraire, mauvais conseiller de son roi. Comme saint Paul par la foudre sur la route de Damas, il fut soudainement éclairé par la révolution : de petit et intrigant qu'il était sous Charles X, il se fit grand pour se mettre au niveau du peuple qu'il voulait conquérir.

Ses fautes, son immixtion à la politique lui avait fait perdre un terrain immense ; alors, et durant plusieurs années, son impopularité était telle que dans nos rues un vêtement ecclésiastique exposait à l'insulte : les scènes de destruction de Saint-Germain-l'Auxerrois et de l'archevêché donnent la mesure des haines que le clergé avait soulevées. Il voulut être modeste, désintéressé, mais indépendant : les abbés de La Mennais, Gerbet, Lacordaire et leur allié le comte de Montalembert ont eu la gloire de réclamer les premiers la suppression du budget des cultes et la séparation de l'Église et de l'État ; ils professaient les principes d'une démocratie universelle : à l'égard du Gouvernement, leurs efforts furent vains ; ultramontains, ils furent condamnés, même par le Pape, leur chef spirituel. Néanmoins, l'opinion leur sut gré de leur généreuse tentative, et, chose bizarre, la publication des *Paroles d'un croyant*, qui signalait la rupture de La Mennais avec le clergé, et déversait les plus terribles accusations sur le pape souverain temporel, contribua à diminuer cette aversion dont le prêtre était l'objet.

Même depuis qu'ils avaient perdu dans M. de

La Mennais, l'homme qui les remorquait à la suite de sa popularité, les membres du clergé saisissaient avec un habile empressement toutes les occasions où leurs consciences de catholiques leur permettaient, comme à propos de la Pologne et de l'Irlande, de soutenir la cause de l'indépendance. S'ils attaquaient l'enseignement laïque de l'État, c'était au nom de la liberté d'enseignement : leur jeune chef, le comte de Montalembert, malgré sa soumission à l'Encyclique qui l'avait forcé à renier la plus forte part de ses doctrines, continuait à se croire libéral.

Une grande ligne de démarcation divisait le clergé en deux classes : *les Ultramontains et les Gallicans*. Tous reconnaissaient la suprématie spirituelle du pape et des conciles, mais les ultramontains voulaient le gouvernement de l'Église, la nomination aux dignités ecclésiastiques dépendant uniquement du saint-siége ; les anciens rédacteurs de l'*Avenir*, les jésuites, les moines, toute la partie militante et envahissante, était ultramontaine. Par un étrange abus du mot liberté, les gallicans se disaient défenseurs des *libertés gallicanes*, parce qu'ils préféraient à l'autorité du pape l'asservissement au pouvoir politique. Pour ne pas remonter plus haut, Louis XIV et Napoléon ont été les représentants absolus de ces *libertés ;* Bossuet les a subies, le comte Portalis les a formulées dans le Concordat ; MM. Dupin,

Thiers, et successivement presque tous les archevêques étaient gallicans.

J'ai voulu faire précéder d'un état de situation de la France en 1838 la continuation de ces Mémoires. Ce travail, je l'avais fait alors pour mon compte, et sur beaucoup de points, il différait du tableau que je viens de tracer. Je tendais alors de tous mes efforts vers la réalisation du gouvernement constitutionnel, dont les conditions me semblaient être : un roi régnant et ne gouvernant pas; une Chambre des Pairs indépendante par l'hérédité ou par l'élection; une Chambre des Députés rendue plus libérale par une large reforme électorale; des ministres désignés au choix du roi par la majorité parlementaire et sérieusement responsables; l'abrogation des lois de septembre.

Mes idées politiques n'allaient pas plus loin.

J'ai dit le succès que m'avait valu à la fin de la session, auprès des membres des deux Chambres, mon discours sur la conversion des rentes; la presse en général m'avait également bien traité, et le nouveau directeur du *Messager*, le comte Walewski, comme moi membre du Jockey-Club, ayant publié un article élogieux dans son journal, j'allai lui faire mes remercîments : de ce jour ont daté mes relations plus intimes avec lui.

XXVIII

Quel était le comte Waleswski? Né le 4 mai 1810, au château de Walewice, en Pologne, de la belle comtesse de Walewska, remariée depuis au général comte Ornano (1), un des lieutenants du grand capitaine et parent des Bonaparte, Alexandre Walewski Colonna perdit sa mère de bonne heure, et fit ses études à Genève. Comme beaucoup de ses compatriotes, il parlait avec facilité plusieurs langues, et quand, bien jeune encore, il se rendit pour la première fois en Angleterre, sa naissance presque illustre, sa figure et sa fortune lui valurent un accueil exceptionnel!

(1) Nommé maréchal de France après le coup d'État.

du monde aristocratique. A l'âge où d'autres quittent à peine les bancs du collége, il fut un héros de la mode et lié avec lord Palmerston, alors dans tout l'éclat de sa réputation. Il épousa une fille de lady Sandwich, qui mourut après un an de mariage.

Dès le commencement de l'insurrection polonaise, il prend activement part à la défense de sa patrie, combat à la bataille de Grochow, et, à cause de ses relations, il est choisi avec MM. Zamoyski et Wielopolski pour aller à Paris et à Londres tenter de concilier à son pays l'appui de ces gouvernements; mais, quoique lord Palmerston fût à cette époque ministre du *Foreign office*, ses efforts furent vains; il ne put surmonter ni la froideur de la France; ni l'indifférence de l'Angleterre. Varsovie prise, la ruine de la Pologne consommée, le comte Walewski entre au service de France, capitaine dans la légion étrangère, le 10 août 1833, en septembre, il passe aux chasseurs d'Afrique. Après s'être acquitté d'une mission confidentielle auprès d'Abd-el-Kader, avoir rempli les fonctions de chef de bureau arabe, il est naturalisé Français, sert, en 1835, dans le 4ᵉ hussards. En 1838, ayant acheté la propriété d'un journal du soir, *le Messager*, il donne sa démission.

L'habitude du monde, la distinction, la douceur et la réserve des formes, une mollesse qui

n'est pas sans grâce, ordinaire aux natures destinées à l'embonpoint, la générosité, une ambition vague, la curiosité de s'essayer dans des
carrières diverses, le goût des plaisirs élégants
sont les principaux traits de ce caractère bienveillant en dépit de ses précoces succès.

J'ai dit comment il avait accueilli mes remer-
ciements; il ajouta que si je croyais lui devoir
quelque chose, je pouvais m'acquitter en lui donnant mon avis sur une affaire grave. Depuis qu'il
était en possession du *Messager*, un M. Foucaud,
mû par un sentiment de vengeance contre l'ancien préfet de police Gisquet, lui avait apporté
des preuves irrécusables de la mauvaise administration de ce magistrat au profit de ses passions
personnelles. Devait-il s'en servir et les publier?
Ma réponse fut que contre Gisquet fonctionnaire,
je n'hésiterais pas pour l'affirmative, mais qu'il
avait été destitué; que, député, il s'était joint à
la gauche; que, préfet de police pendant six ans,
il savait bien des choses; que, par suite, il pouvait être une force pour l'opposition; qu'enfin, la
France était le pays des apparences et de l'oubli :
par ces motifs, je conseillai le silence.

« — Mais le journal a déjà annoncé hier, sur
son compte, d'importantes révélations.

« — En ce cas, il faut tirer le meilleur parti
de la chose faite. »

Je me mis à l'œuvre, et j'écrivis un article qui

en traçant le devoir des publicistes à l'égard des
fonctionnaires, élevait et grandissait le rôle du
Messager. Telle fut au moins l'impression de
Walewski et de plusieurs journaux qui reprodui-
sirent l'article le lendemain. Ce léger service
accrut près de lui mon influence au point qu'il
m'offrit de partager la direction du journal.

« — La proposition est séduisante, mais j'y
vois deux objections : je ne pourrais acheter la
moitié de votre propriété, et j'ignore si en politique nous sommes d'accord sur les principes et
le but que nous poursuivons. »

Le comte Waleswski leva de suite le premier
obstacle : il entendait garder seul les charges de
sa propriété. Après quelques conversations sur
les plus importantes questions du moment, nous
parvînmes à nous entendre également sur le second point.

Il fut convenu que notre opposition serait
constitutionnelle, notre but le gouvernement parlementaire, notre moyen la coalition, notre place
entre le *Constitutionnel* et le *Siècle ;* que nous
marcherions à côté de M. Thiers, mais non derrière lui ; qu'une discussion préalable aurait lieu,
entre nous, des sujets nouveaux à mesure qu'ils
se présenteraient.

Quant aux considérations personnelles, rien de
plus honorable et de moins mystérieux : Walewski, déja naturalisé Français après sa campagne

d'Afrique, ambitionnait les lettres de grande naturalisation qui lui donneraient le droit de représenter sa patrie d'adoption comme député ou pair; et j'ai à peine besoin d'indiquer l'avantage pour moi de soutenir à l'avenir à la tribune les questions telles que nous les aurions posées dans le journal, et surtout d'avoir un journal soutenant les questions telles que je les aurais posées à la tribune. Cet appui de la presse me tirait à la Chambre de mon isolement; je parlais au dehors, et, même dans l'enceinte législative, mes paroles acquéraient la valeur du journal et de la nuance que je représentais. Enfin, en me réservant le compte-rendu des séances de la Chambre des pairs, je poursuivais ma tâche de donner de la vitalité, et peut-être de l'indépendance au pouvoir dont je faisais partie. J'avais, en outre, le droit de rédaction quand bon me conviendrait. Ma collaboration était gratuite.

Tous ces arrangements conclus, Walewski me fit connaître la rédaction du journal.

En premier lieu, Boilay, intelligent, fin, lettré, rompt à découvrir les meilleurs arguments à 'appui de la thèse indiquée; talent souple, habile s'assimiler les idées et même le style d'un directeur au point que, plus tard, M. Thiers disait n riant ne plus pouvoir distinguer ses propres rticles de ceux qu'il lui inspirait.

Charles Rabou, honnête et ingénieux, tour à

tour publiciste et romancier, grand amateur d'ancienne musique et de contre-point.

Achille Brindeau, un de nos amis, habitué de la
Charte de 1830, avait été recommandé par Nestor
Roqueplan au comte Walewski comme gérant.

Enfin, le capitaine Tanski, officier polonais,
l'homme des nouvelles et des correspondances
étrangères.

Au rez-de-chaussée, deux écrivains fournissaient le roman et le feuilleton des théâtres : l'un,
joli compagnon, brillant, susceptible, redoutable
adversaire, frappant fort et juste, maniait avec
art l'épée, non la plume ; le premier à l'escrime,
le baron de Bazancourt vivait comme littérateur
dans une banale obscurité ; l'autre, M. Édouard
Thierry, le regard discret, les cheveux plats e
gras, l'air doux et subalterne, alignait de
phrases correctes et étudiées aussi dépourvue
de l'éclat de la forme que de l'originalité de l
pensée. Au bout de quelque temps, dans mon zèl
pour le succès de la feuille à laquelle il m'avai
associé, je proposai inutilement à Walewski d
chercher à les remplacer par Alphonse Karr e
Nestor Roqueplan.

Personne d'ailleurs n'avait moins que le direc
teur du *Messager* la vocation du journalisme ; se
qualités lui nuisaient : il regrettait la vivacité de
attaques, il avait remords de blesser, et retran
chant avec soin les paroles dures et acerbes, le.

traits satiriques, il ne servait aux lecteurs qu'une polémique inoffensive, sans autre assaisonnement que la froide raison. Le bon-goût, la quantité de ses relations mondaines le gênaient dans sa marche ; il lui eût été trop pénible de rencontrer le soir les personnages dont il aurait grossi les fautes et les ridicules. Je me souviens de sa répugnance à accepter pour nous le mot de coalition qui, disait-il, ne se prenait qu'en mauvaise part.

A Paris, j'assistais souvent le matin chez Walewski à la préparation quotidienne du journal. La session terminée, je lui adressai d'Augerville une série d'articles sur la réforme électorale. J'avais lu le livre de Girardin : *De l'Instruction publique*, et frappé de la disproportion entre les crédits alloués et les fonds nécessaires à l'enseignement primaire, trouvant une connexion immédiate entre une large réforme électorale et la généralisation des connaissances, j'avais donné pour titre à mon travail : *De la réforme électorale par l'instruction primaire*. Il était d'ailleurs peu remarquable par la forme, mais l'association des idées était juste.

Le 19 août, une causerie d'Alphonse Karr dans la *Presse*, commençait ainsi :

« Quelques écrivains moroses vont se plaignant que la gaieté française est morte, que le Français ne sait plus *aimer, boire et se battre*, et que ce vieux vert-galant ne chante plus ni le *vin*, ni

l'amour, ni les *belles*, ni rien autre chose. Nous
ne savons cependant rien de si gai que les gueuletons politiques qui se commettent dans les départements, avec circonstances aggravantes de
toasts et d'improvisations.....

« La politique bachique me remet en mémoire
un des plus splendides gueuletons de la Restauration. Il s'agissait de faire nommer un candidat
libéral dans un arrondissement situé sur les con-
fins de la Normandie ; les amis du candidat et le
candidat lui-même allaient visiter les fermiers et
sympathiser avec eux.. »

Puis il racontait avec sa spirituelle ironie les
details du festin terminé par la chanson sédi-
tieuse, répétée en chœur avec accompagnement
de couteaux sur les verres, et il en citait les couplets les plus saillants.

I

Le général Vandamme
Ayant perdu sa femme,
Dit : c'est bien malheureux
De les pleurer tous deux.

CHŒUR.

Tirelonlaine, tirelonla.

II

Le général Kléber
A la porte d'Enfer, etc.

Au dernier, l'on faisait retirer les domestiques :

> La garde nationale
> Et la garde royale
> Et la gendarmerie
> La troupe de ligne aussi.. Tirelonlaine.

L'envie me prit de lui répondre en adoptant le
personnage d'un *Prudhomme* politique, et je
signai ma lettre : *Un électeur des* 221.

Ma plaisanterie réussit au point que, la semaine suivante, Alphonse Karr se moquait en ces
termes de son correspondant :

« Notre dernier article nous a attiré une lettre
pleine de reproches amers ; entre ces reproches
il en est que nous reconnaissons fondés et d'autres contre lesquels nous nous permettons de réclamer.....

« Nous allons transcrire plusieurs passages de
cette lettre signée : *Un électeur des* 221.

Dimanche, 20 août 1838.

« C'est avec un sentiment bien pénible que j'ai
« vu, dans votre feuilleton de la *Presse* de ce
« jour, tous les efforts de votre esprit employés
« à ridiculiser les généreuses *menées* des élec-
« teurs libéraux de la Restauration..... à livrer
« au sarcasme le double sacerdoce de l'avocat et
« du député. »

« Notre correspondant ne songe pas qu'avouer des *menées* c'est admettre la condamnation des démarches que l'on appelle ainsi soi-même. Je ne répondrai que par ces mots : la scène que j'ai retracée a eu lieu, et elle a eu lieu précisément comme je l'ai dit ; ce n'est pas ma faute si elle est comique. Le *Tartufe* n'attaquait pas la religion, mais les faux dévots ; les plaisanteries contre les élections grotesques et les gueuletons politiques n'attaquent que les gueuletons politiques et les élections grotesques.

« C'est ce que je répondrai encore à l'électeur des 221. — Quand il me reproche de traiter peu convenablement les souvenirs de l'Empire : personne de notre temps ne se défend d'une grande et sincère admiration pour Napoléon et pour les compagnons de sa gloire ; personne n'y est étranger et ne peut compter ses parents sans retrouver quelque soldat de l'Empire. C'est une raison de plus pour s'élever contre l'abus et le trafic qui se font des choses glorieuses. C'est une raison de plus pour traiter d'indigne bouffonnerie la tentative du jeune homme qui, à Strasbourg, se déguise en empereur comme M. Edmond du Cirque-Olympique, et croit faire des révolutions.....

« Si, comme moi, monsieur (continue l'électeur « des 221), vous aviez passé votre vie en pro-

« vince —MERCI! —vous sauriez qu'on n'a fait,
« en préludant par des repas à des opérations
« plus sérieuses, que se soumettre à l'usage enra-
« ciné et constamment suivi lorsqu'il s'agit de
« traiter d'affaires commerciales. — Sans doute
« avec des *palais usés, des estomacs affaiblis* et
« surexcités comme ceux des viveurs parisiens,
« cette méthode pourrait avoir quelques inconvé-
« nients ; mais chez nous autres provinciaux, *race*
« *robuste* et INTELLIGENTE, les fumées du vin
« ne peuvent troubler la cervelle ou dominer la lu-
« cidité de l'esprit. »

« Je ne suis pas Parisien, monsieur, répon-
dons-nous à l'électeur, je ne suis pas Français ;
sans cela je trouverais fort mauvais le brevet de
phthisie et d'imbécillité que vous donnez à une
grande ville et à une capitale. — Du reste, j'ad-
mets facilement, monsieur, que vous tenez plus
de vin que moi, et je ne conteste pas votre capacité ; je ne vous connais pas, monsieur, et je dois
m'en rapporter à vous sur vous-même, ô homme
robuste et intelligent !

« Ensuite (ajoute toujours notre robuste électeur), je vous demanderai pourquoi *vous vous êtes*
permis de changer le refrain. *Par quelle perfidie*
avez-vous substitué au refrain si populaire de
Larifla flafla, larifla, la répétition de *Tirelonlaine,*
tirelonla, terminaison de *la Régence,* accompa-

gnement *ordurier* des couplets de *Vadé* et de *Piron*. »

Pour compléter mon succès, je me dénonçai en priant Alphonse Karr de dîner avec quelques amis communs. L'auteur de tant de romans délicieux, de pages pleines d'observation et de poésie, a le cœur aussi droit que l'esprit : à ce prologue si gai de notre connaissance a succédé entre nous une sérieuse amitié.

Vers cette époque eut lieu le procès en diffamation motivé par la publication dans le *Messager* des pièces compromettantes pour l'administration de l'ex-préfet de police. Le pauvre Gisquet, abandonné par l'opposition, livré avec entrain par le pouvoir aux sévérités de la magistrature, vivement attaqué, faiblement défendu, subit la parole violente et cruelle de Plougoulm au nom du ministère public. Par une décision tout à fait imprévue, le jury ayant déclaré le *Messager* coupable envers le fonctionnaire et non envers l'homme privé, le gérant fut condamné à cent francs d'amende ; le directeur avait lui-même présenté sa défense avec convenance et modération.

Je fus présenté successivement chez M. Thiers et chez M. Barrot.

Le salon du chef du centre gauche, place Saint-Georges, était des plus animés ; des groupes nombreux de députés et de journalistes s'entretenaient des préparatifs de la campagne parle-

mentaire ; on causait tactique et stratégie ; on se
comptait ; négligeant ceux dont on était sûr, on
caressait les douteux et les tièdes, on déchirait les
traîtres. Ce n'est pas un des moindres mérites de
M. Thiers que l'amitié inaltérable qu'il a su inspirer à des hommes tels que MM. Mignet et Cousin : leur foi presque absolue dans son infaillibi-
lité est la meilleure justification de celle qu'il avait
dès lors, et qui s'est fortifiée, avec les années, de
la supériorité de sa raison.

Malgré la récente alliance avec les doctrinaires
et la gauche, MM. Barrot et Guizot restaient dans
leur camp ; les blessures mal cicatrisées reçues
en se combattant pendant huit années, des scrupules de dignité personnelle les empêchaient de
se rencontrer à mi-chemin place Saint-Georges ;
mais il n'en était pas de même de MM. de Rémusat, Jaubert, Duvergier de Hauranne, Chambolle
et Léon Faucher ; les séductions de l'esprit, le
charme familier de M. Thiers les attiraient ; ca-
chant avec art l'action graduelle de sa volonté, il
les habituait à sa direction, substituait une fusion
dont il était l'âme à la coalition de trois armées
distinctes, et se ménageait des soutiens dévoués
dans la presse et des collègues dociles pour un
futur cabinet.

Je tenais peu de place dans ce monde politique ;
par goût, je recherchais la conversation des
femmes, d'ailleurs fort clair-semées. Madame

Dosne faisait les honneurs ; elle m'intéressait par la vivacité de son langage, la chaleur de son admiration et de ses antipathies, par une sorte d'éloquence naturelle et passionnée.

La jolie figure de madame Thiers exprimait un ennui que je partageais tout en regrettant d'être inhabile à le dissiper. La beauté de sa sœur, parmi tant d'hommes noirs et mal tournés, semblait une tête de Raphaël dans une collection de Callot.

De temps à autre, les boucles blondes de madame de Rémusat, le charme de son regard, la finesse de son rire, la fraîcheur de son teint, la blancheur de ses épaules éclairaient un groupe d'heureux causeurs qui avaient la chance de l'approcher ; mais elle ne venait que par exception.

C'est de jour que je me rendis chez M. Barrot ; il avait présidé un comité électoral, m'accueillit avec bienveillance et me présenta aussitôt à MM. Chambolle, Bissette, homme de couleur, et Havin, qui faisaient partie du comité. Je le revis, et à mesure que j'apprenais à le connaître, il me fut facile de découvrir que si beaucoup de talent, une loyauté et une honnêteté reconnues, une longue pratique de la vie parlementaire l'avaient placé à la tête de son parti, l'aspect rigide de sa physionomie servait d'armure à un caractère faible et hésitant ; sa profondeur n'était qu'à la surface, son ambition timide inclinait à se subordonner à une influence supérieure.

Il y avait beau temps que M. Thiers le savait et ménageait d'autant plus ses susceptibilités qu'il était sûr à l'occasion de le faire parler et agir.

J'ai dit que M. Thiers, grand orateur, me semblait un petit homme d'État, et je persiste, mais en expliquant ma pensée. Il possédait plusieurs qualités essentielles du génie politique : la décision, la promptitude, l'habileté, la finesse, un don singulier d'attraction. Ce qui lui a toujours manqué, selon moi, c'est la solidité des principes et la grandeur du but.

Il devinait que la France voulait, par une attitude ferme et digne au dehors, fût-ce au prix d'une guerre, se replacer en Europe au premier rang ; mais alors pourquoi s'était-il opposé à la défense de la Pologne? Pourquoi n'avait-il pas réclamé le *veto* de la France à l'intervention autrichienne en Italie? Sa volonté d'intervenir en Espagne était-elle donc cette occasion tant attendue? Que devons-nous penser, surtout en 1840, de son dessein de guerroyer seul contre l'Europe coalisée, afin de conserver au pacha d'Égypte notre protection contre le sultan?

Il arrivera ministre, imposé par une majorité parlementaire. « Mais ce pouvoir, qu'en fera-t-il? Le pourra-t-il porter seulement? » Quelle idée fera-t-il triompher? Est-ce l'instruction primaire?

Elle n'est même pas sur son programme. Est-ce
la réforme électorale? Il l'enterrera dans une commission. La conversion des rentes? Il la remet à
la session suivante. Il n'attachera son nom à rien
de grand; quoi qu'il en soit, dans la sphère des
ambitions secondaires, il déploie de l'habileté; il
a l'art d'inspirer confiance et sympathie.

A mon retour des chasses en Picardie, au début de la session, le comte Walewski chercha à
me prouver qu'il y aurait avantage pour nous à se
lier plus étroitement avec M. Thiers, et à lui remettre la direction du *Messager*. Je lui répondis
que sans contester le moins du monde sa prééminence, je préférais lui continuer un appui indépendant. Toutefois, voyant mon ami propriétaire
du journal, décidé à abdiquer, j'ajoutai qu'il
était le meilleur juge de ses intérêts, et je bornai
à l'avenir ma coopération au compte-rendu des
séances de la pairie. Je n'en restai pas moins lié
avec Walewski et en bons termes avec le véritable chef de la coalition.

Il serait trop long d'énumérer toutes les conquêtes de M. Thiers; j'en citerai pourtant une
des plus curieuses et des plus durables: ses mesures énergiques à l'égard de la duchesse de
Berry, le souvenir de Deutz, ses boutades révolutionnaires n'avaient pas suffi à arrêter le penchant qui entraînait Berryer vers lui; il était
d'ailleurs naturel et réciproque; un certain mys-

tère, inutile aujourd'hui, en augmentait l'attrait.
Les couloirs, la salle des conférences n'étaient
pas les seuls lieux de rendez-vous. Dès 1836, un
premier dîner tête à tête avait eu lieu au ministère de l'intérieur, plus tard on se retrouvait en
maison tierce.

Deux dames du faubourg Saint-Germain ayant
manifesté à Walewski le désir de connaître le
monstre, il nous réunit : M. Thiers, la duchesse
de Grammont, la comtesse Alexandre de Girardin, Berryer, le marquis de Brézé, un cent
millionnaire, Jean Greffulhe, et moi. Un
échange d'anecdotes et d'attaques bienveillantes
entre les deux chefs politiques mit chacun à l'aise.
Puis Berryer, s'effaçant, laissa la parole à l'his-
torien de la Révolution, qui, sans trop de dé-
tours, amena la seconde campagne d'Italie, dont
il raconta deux épisodes comme il sait raconter,
tels à peu près qu'on peut les lire dans son *Histoire du Consulat et de l'Empire;* car, suivant la
préoccupation du moment, il essaie en conversation des fragments de ses discours ou du livre
qu'il écrit.

Le repas fut animé, et la verve du personnage
en exhibition intarissable. Par un suprême effort
de galanterie, il surmonta, entre neuf et dix heures, ce sommeil de la digestion auquel tout le
monde avait été préparé. On lui prodigua les
compliments, et, même après son départ, on le

déclara éblouissant, étourdissant, adorable! Rien
de mieux justifié que l'intérêt qu'il avait excité.
Néanmoins, il y avait dans ces empressements et
ces rapprochements un indice du premier rôle
que son talent, aidé des circonstances, lui desti-
nait : les femmes devinent la force et sont por-
tées d'instinct vers le triomphateur.

Garnier-Pagès seul, avec son ironie tranquille
et la sûreté de sa méfiance républicaine, restait
insensible aux séductions de M. Thiers. Tout en
combattant le gouvernement personnel par sa
parole et ses votes, il se tint constamment en
garde contre les illusions et les espérances qu'on
plaçait dans le futur représentant du gouvernement parlementaire, et je dois à ses utiles aver-
tissements les précautions que j'ai prises à la
tribune, en 1840, contre l'inconsistance du président du 1er mars.

XXIX

DISCUSSION DE L'ADRESSE A LA CHAMBRE DES PAIRS
ET A LA CHAMBRE DES DÉPUTÉS.

A la fin de décembre 1838, la discussion de
l'adresse eut lieu d'abord à la Chambre des pairs ;
l'évacuation d'Ancône fut blâmée par le duc de
Broglie, le partage de la Belgique par le comte
de Montalembert.

Cousin dénonça en termes énergiques l'intolé-
rance des prêtres refusant la sépulture au comte
de Montlosier, parce qu'à sa dernière heure celui-ci ne consentait pas à désavouer son célèbre
Mémoire à consulter contre les Jésuites. Il re-
procha au ministère son indifférence devant les
scandales de Clermont, devant les empiétements
du clergé à Reims et à Lyon, et devant la résurrection des colléges tenus par un ordre légalement chassé de France.

Malgré les dénégations du Ministre de l'In-

struction publique comte de Salvandy, M. Villemain insista à son tour sur le réveil de cet esprit
envahissant du clergé.

De mon côté, j'attaquai les tendances générales
de la politique extérieure du ministère; sa neu-
tralité favorable aux partisans de don Carlos, en
Espagne, et surtout son action oppressive à l'é-
gard de la Suisse, qu'il avait menacée de la
guerre si elle n'expulsait pas le prince Louis,
revenu d'Amérique à Arenenberg auprès de sa
mère. On sait que, pour éviter un conflit, le prince
dut aller demander un asile en Angleterre.

La discussion générale close, le débat recommença avec vivacité sur chacun des paragraphes
de l'Adresse, malgré la certitude des votes ap-
probatifs. A l'occasion de la Suisse, M. Villemain dit que « soustraire Louis-Napoléon aux lois
du pays, par respect pour une sorte de légitimité
impériale que l'on voyait rayonner de sa tête;
déférer le procès Laity à la Cour des Pairs, que
l'on établissait ainsi juges en matière de presse;
puis, par un abus du droit du plus fort, méconn-
aître, dans la conduite avec la Suisse, ces principes généraux du droit public que les grands
États doivent proclamer et maintenir en faveur
des petits, c'était autant de fautes successives qu'il
reprochait au gouvernement. »

Le président du conseil remplit la tâche facile
de se défendre au milieu des applaudissements de

la Pairie. Mais l'attention publique se concentrait sur les débats de la Chambre élective.

La nomination à la présidence de Dupin, candidat du gouvernement, contre Passy, de l'opposition, fut emportée à une majorité de cinq voix; au contraire, parmi les membres de la commission de l'Adresse, six : MM. Thiers, Guizot, Duvergier de Hauranne, de la Redorte, Étienne et Passy appartenaient à la coalition; trois seulement : MM. de Jussieu, de la Pinsonnière, Debelleyme, au ministère.

Une Adresse telle qu'on n'en avait pas vu depuis celle des 221 fut rédigée par la majorité de la commission. Tous les griefs de l'opposition y étaient énergiquement reproduits; la protestation en faveur de la nationalité polonaise, le reproche de ne pas intervenir en Espagne conformément au traité de la quadruple alliance, l'accusation d'avoir évacué Ancône sans nécessité et sans dignité, une appréciation sévère des dissentiments suscités entre la France et la Suisse; la commission exigeait en outre la conversion des rentes, et résumait sa pensée dans cette phrase significative :

« Nous en sommes convaincus, Sire, l'intime union des pouvoirs contenus dans leurs limites constitutionnelles peut seule fonder la sécurité du pays et la force de votre gouvernement. Une administration ferme, habile, s'appuyant sur les

17.

sentiments généreux, faisant respecter, au dehors, la dignité de votre trône et le couvrant au dedans de sa responsabilité, est le gage le plus sûr du concours que nous avons tous à cœur de vous prêter. »

La minorité ministérielle présenta en vain un contre-projet. Le président Dupin, élu par elle, et de droit présidant la commission, tira de sa poche un papier et dit :

« Messieurs je ne veux pas que l'on puisse penser que je cherche à m'envelopper par une inviolabilité sournoise. »

Il lut à son tour un factum contre M. Molé et ses collègues, qu'il gourmandait de ne pas « relever l'administration aux yeux du pays. » Devant cette volte-face impudente du hérault qui proclamait la victoire, les uns s'indignèrent, les autres eurent peine à conserver leur sérieux.

La discussion générale s'ouvrit, le 7 janvier, par le discours d'un aide de camp du roi, M. Liadières, contre l'Adresse. La physionomie tragique de l'orateur formait un contraste piquant avec les épigrammes qu'il lançait aux principaux rédacteurs.

A son appel, M. Guizot prit la parole et eut pour contradicteur son ancien collègue du 6 septembre, le président du 15 avril. Le premier, dans cette position, difficile et nouvelle pour lui, d'opposant, se montra égal à lui-même ; le second

surpassa en éloquence l'attente de ses meilleurs
amis. De part et d'autre on sentait une rivalité
d'ambition, une animosité personnelle qui n'existait pas au même degré chez les autres adversaires, et contribuait à passionner le débat. On se
rappelle M. Guizot terminant par la citation de
Tacite au sujet des courtisans : *Omnia serviliter
pro dominatione*, et la belle réplique du comte
Molé : « Ce n'était pas des courtisans que Tacite
disait : *Omnia serviliter pro dominatione*, c'était
des ambitieux. »

M. Thiers donna à son tour : il eut le rare
bonheur, en déployant toutes ses qualités, de ne
pas être long et de n'avoir à regretter aucune parole imprudente.

Malgré son habileté conciliante, le ministre de
l'intérieur comte Montalivet ne parvint à atté-
nuer qu'en partie l'effet du précédent discours.

Après MM. Passy, Billault et le ministre des
travaux publics, M. Duvergier de Hauranne, s'at-
taquant à la corruption administrative, citant des
faits et des noms, était interrompu par cette apos-
trophe du comte Molé.

« Votre discours n'est qu'un mauvais pamphlet. »

Ces éclats de colère permirent à M. Odilon-
Barrot, dans un langage politique et modéré, de
demander qu'on en finît avec les personnes et les
récriminations sur le passé, pour en revenir aux

préoccupations du présent, aux questions constitutionnelles posées dans l'Adresse.

Bien que la discussion générale eût été close,
celle du premier paragraphe en était la continuation. Aussi, Garnier-Pagès dit-il qu'il ne pouvait admettre comme M. Barrot l'amnistie du
passé ; que s'il votait l'Adresse, c'est parce que
dans le présent et dans le passé elle attaquait la
politique immuable du gouvernement! Cette adhésion ainsi motivée de Garnier-Pagès, utile à
l'opinion qu'il représentait, ne pouvait manquer
d'être fatale à l'adoption de l'Adresse : le ministre
de la justice, Barthe, s'en empara pour effrayer
la majorité conservatrice.

Alors M. Guizot, répondant à la fois à Garnier-
Pagès et à Barthe, maintient et glorifie la politique du juste-milieu ; ce n'est pas lui, c'est le ministère qui la déserte aujourd'hui ; par sa faiblesse et son insuffisance, il livre le pouvoir à
l'anarchie. Puis, prenant l'adresse paragraphe
par paragraphe, dans un admirable commentaire,
il s'attache à prouver qu'elle est à la fois libérale
et pacifique, conservatrice et constitutionnelle.

Dans cette lutte acharnée, M. Guizot appelle
invinciblement le comte Molé à la tribune. «Je le
reconnais, dit le président du Conseil, votre
Adresse n'est pas révolutionnaire, mais elle est in-
constitutionnelle. » Puis, s'adressant à MM. Thiers
et Guizot : « Au fond, messieurs, on a beau par-

ler d'anarchie, c'est le pouvoir que l'on veut.

Non, réplique M. Thiers; car si j'avais voulu du pouvoir aux mêmes conditions que vous, j'y serais maintenant à votre place : « Ce que nous voulons, c'est empêcher la répétition des fautes qui ont perdu la Restauration. » Et il montrait l'administration, par son origine et par ses actes, entachée d'inconstitutionnalité.

Le comte de Montalivet se défendait en rappelant que ce reproche d'inconstitutionnalité avait été déjà adressé autrefois par M. Barrot à M. Thiers, ministre du 11 octobre, qu'il accusait de laisser remonter la responsabilité jusqu'à la couronne.

Lamartine s'était élancé à la tribune, et refusait de céder la parole à M. Thiers, qui voulait répliquer au ministre de l'intérieur : une pantomime s'ensuivit, ironique et hautaine de la part du poëte, dont la grande taille, exhaussée par les marches de la tribune, dominait son compétiteur, irrité du silence que lui imposait cette résistance inattendue.

L'orateur réclama d'abord la liberté de la tribune, qui ne devait pas être un monologue au profit de certains députés. Il ne se portait pas le défenseur du cabinet, qui peut-être n'était pas à la hauteur des nécessités du pays; mais il délimitait l'action constitutionnelle de la royauté, qu'il ne voulait pas voir reléguée hors du mouve-

ment politique comme une abstraction couronnée.
Il disait aux chefs de la coalition :

« Ne vous fiez pas tant à vos talents ; ce ne
sont pas les talents, ce sont les caractères qui
soutiennent les empires. Si vous nous présentiez
un programme conforme à de grands principes
de progrès social ; si vous étiez des hommes nouveaux, je voterais avec vous..... Mais tant qu'il
ne s'agira que de renverser des hommes sans
toucher aux choses, je continuerai à voter pour
le ministre de l'amnistie et de la paix contre ces
ministres énigmatiques, dont les uns ont un pied
dans le compte-rendu, les autres dans les lois de
septembre, et dont l'alliance suspecte et antipathique ne promet à mon pays que deux résultats
funestes qu'il vous était donné seuls d'accomplir
à la fois : la dégradation du pouvoir et la décep-
tion certaine de la liberté. »

Par compensation, le philosophe Jouffroy se
décidait, quoique à regret, à voter contre un
cabinet dangereux par sa faiblesse ; s'il se rangeait
pour cette fois dans l'opposition, c'était afin
d'obtenir un gouvernement parlementaire appuyé
sur une forte majorité.

Enfin, M. Amilhau présenta au paragraphe
premier un amendement qui, au lieu d'attribuer à
la *Chambre seule* la prospérité de la France et
le repos du monde, proposait d'en féliciter le gouvernement du roi et les pouvoirs de l'État. Cet

amendement, combattu par MM. Sauzet et Guizot, ne fut voté, au milieu d'une extrême agitation, qu'à une majorité de sept voix : 216 contre 209. La deuxième partie de l'amendement, qui approuvait la politique extérieure du ministère, et entraînait la suppression du paragraphe 2 de l'Adresse, fut remise après la discussion et le vote séparé de chacune des questions de politique étrangère.

Successivement des amendements de M. Lanyer sur le paragraphe relatif à la Belgique, de M. Debelleyme sur l'évacuation d'Ancône, et le rejet du paragraphe 5 sur la question suisse, votés à une faible majorité, avaient transformé ou supprimé le blâme que l'Adresse infligeait à chacun des actes de la politique extérieure du cabinet, quand la discussion sur le paragraphe 2 et sur la deuxième partie de l'amendement de M. Amilhau, l'un censurant, l'autre approuvant l'ensemble de cette politique, rendit une nouvelle ardeur au débat.

Tous les hommes marquants ou illustres de l'Assemblée s'étaient dejà jetés dans la mêlée ; Berryer, seul, se réservant, suivant de l'œil les fortunes diverses, s'apprêtait à décider le sort du combat ; le moment venu il prit la parole. Un fait le frappait tout d'abord ; c'était cette fusion singulière de toutes les opinions et de tous les partis sous le drapeau de l'opposition ; c'était cette

réunion étrange de tous les hommes qui, jusque-là, et avant le cabinet actuel, avaient exercé
le pouvoir; c'étaient leurs sentiments si haute-
ment manifestés et dans l'Adresse, et dans la défense de l'Adresse. D'où venait l'isolement du
pouvoir? Il en trouvait l'explication dans la nécessité subie par les ministres actuels d'accepter
l'héritage, les engagements, les paroles données
de leurs prédécesseurs; en un mot, la continuation d'une politique permanente, avec l'impuis-
sance d'en sortir. Il pouvait, lui, l'adversaire de
tous les cabinets depuis huit ans, donner son
opinion sur cette politique. La Pologne, catholique, guerrière, avant-garde de la France, la
Pologne n'était plus; en Espagne, depuis la question successoriale, où tendait notre politique? A
rien; en Belgique, il aurait fallu miner les résis-
tances séculaires de l'Angleterre et attendre le
moment de réunir la Belgique à la France; au
lieu de cela, on avait donné la couronne à un
prince appartenant à trois royaumes; Allemand
d'origine, lié à l'Angleterre, lié à la France.

La question à présent était insoluble.

« Je me promène autour de la carte de France,
ajoutait l'orateur, et je demande à tous les
points qui nous touchent quels sont leurs sentiments pour nous. Je vois, au midi, l'Espagne,
déchirée par deux partis qui, l'un et l'autre, au
jour de la paix, seront vos ennemis. Au nord, la

Belgique que vous n'avez pas soutenue, que vous avez trahie dans son mouvement de juillet; la Belgique, que nous ne pouvons protéger dans ses sentiments généreux : la Suisse, l'avez-vous assez froissée? l'Italie, s'il y a dans son sein des amis de votre système, de vos principes, de votre politique, croyez-vous qu'ils s'éveilleront maintenant pour vous? Non, vous êtes abandonnés partout, vous êtes isolés, et voilà où en est réduite la France. Ma main se séchera avant de jeter dans l'urne une boule qui dira qu'un tel ministère est jaloux de notre dignité, qu'une telle politique est conservatrice de notre dignité, de nos alliances : jamais! jamais! »

Puis, publiant du haut de la tribune son estime et ses sympathies pour M. Thiers, il ne craignait pas d'approuver certains actes de son administration.

« Conséquent avec vos principes, avec la révolution qui s'était faite, avec le système qui triomphait en France par la révolution, disait-il au président du 22 février, vous avez usé de ses forces pour soutenir la dignité et les alliances de la France..... Vous avez voulu intervenir en Espagne pour être conséquent avec vous-même; vous avez voulu conserver la position d'Ancône; vous avez fait là deux actes honorables, monsieur; et si vous revenez au pouvoir, quelque distance qui doive naturellement subsister toujours entre

nous deux, faites pour la France quelque chose
d'utile, d'honorable, de grand, et je vous applaudirai, parce qu'après tout je suis né en France,
et je veux rester Français. »

Deux conséquences à cette magnifique haran-
gue : d'abord, la nécessité de substituer à une
politique fatale, à la politique permanente, immuable, acceptée par le comte Molé et ses collègues, qui la couvraient de leur responsabilité,
une politique parlementaire, digne, hardie, con-
cordant avec l'intérêt de la France ; ensuite la
désignation de M. Thiers, le seul qui fût sorti du
pouvoir plutôt que de s'associer à cette politique,
comme le chef du futur cabinet que la coalition
imposerait à la couronne.

Enfin, annulant tous les votes précédents par
une impression dominatrice, elle subjugua l'Assemblée.

En vain M. Molé, mettant à profit la couleur
légitimiste de l'orateur, chercha à démontrer que
ses coups portaient moins sur le ministère actuel
que sur la révolution de Juillet elle-même :
M. Odilon-Barrot revendiqua au nom de la gauche les paroles patriotiques de Berryer.

Après des explications plus habiles que con-
cluantes de M. Guizot, combattues par le garde
des sceaux, et un résumé solide, clair et concis
de M. Thiers, énumérant les trois politiques :
celle d'enthousiasme et de propagande, celle des

alliances naturelles, celle de l'isolement ; accu-
sant le pouvoir d'avoir préféré la dernière, et
suppliant une chambre patriotique de redresser
une politique qui fléchissait chaque jour davantage, on vota : l'amendement de M. Amilhau fut
rejeté par 219 voix contre 210.

J'ai dit déja combien les triomphes de l'éloquence sont éphémères ; il est d'ailleurs sans
exemple qu'au lendemain d'une résolution énergique contre le pouvoir, il ne se manifeste pas
une tendance réactionnaire. Le 17, la Chambre,
craintive, fatiguée d'émotions, embarrassée par
ses votes précédents, que M. Cunin-Gridaine lui
remettait sous les yeux, malgré les encourage-
ments de MM. Vivien et Piscatory, les objurga-
tions de M. Thiers, se laissa persuader par le
président du conseil de rejeter le paragraphe de
l'Adresse.

Le 19 venait en discussion le dernier paragraphe ; celui qui indiquait à quelles conditions la
couronne pouvait compter sur le concours de la
Chambre.

M. Debelleyme, au nom de la minorité de la
commission, présenta un amendement qui, sans
en supprimer tous les termes, en atténuait singulièrement la portée.

La lutte continua par des efforts désespérés.

A M. Dufaure, affirmant le droit de la Chambre en cas d'insuffisance du ministère d'en faire

remonter l'avertissement jusqu'au trône, Lamartine répondit ; mais en réalité sa réponse était dirigée tout entière contre le président du 22 février, car, dans cette terrible mêlée, chacun choisissait son adversaire, et le nouvel orateur de la majorité gouvernementale voulait frapper le chef proclamé de la coalition. La vraie cause du différend consistait, selon lui, dans la volonté manifestée par M. Thiers, ministre, d'entraîner le pays, en l'absence des Chambres, dans l'intervention espagnole : or, l'esprit général de l'Adresse indique une tendance radicale à substituer à la politique de paix suivie depuis 1830 une politique de guerre.

« Les grandes ambitions qui s'agitent aujourd'hui pour arriver aux affaires, se diront : L'Europe, déjà inquiète, l'Europe, qui depuis 1830 reste comme indécise, ne sachant pas si le monde reprendra son aplomb, l'Europe nous donnera des griefs ; nous menaçons les traités, non pas de 1815 seulement, mais de 1830, comme en Belgique, et une fois entrés dans une série de difficultés au dehors, la situation de la France sera si grave, qu'elle se pressera, au nom de son patriotisme, autour de nous, qu'elle nous donnera majorité dans les Chambres, et qu'étant une fois au pouvoir, on ne nous en laissera pas descendre ; car, tantôt au nom d'une victoire dont nous nous ferons un titre à la reconnaissance du pays, tan-

tôt au nom d'un péril, tantôt au nom d'une défaite
à réparer, nous viendrons demander durée, force
argent, hommes, dictature ministérielle à la Chambre, et la Chambre, pressée entre des nécessités
impérieuses, ne pourra rien nous refuser! Nous
dominerons aussi longtemps que l'on nous sentira
nécessaires, et les circonstances fortes feront du-
rer la nécessité.

« Oui, voilà la pensée non de tel ou tel homme
en particulier — peut-être qu'aucun ne l'a conçue,
— mais, je l'affirme, voilà la pensée instinctive du
parti, voilà la pensée qui ressort de toutes les
phrases de votre Adresse.....

« M. Thiers a dit dans la question belge qu'il
fallait se refuser à l'exécution des traités dans
leurs conditions relatives aux déchirements de
territoire du Limbourg et du Luxembourg : ce
fait-là résume la politique incendiaire de la coalition. »

Le représentant de la paix dans la coalition,
M. Guizot, protesta contre les intentions calom-
nieuses qu'on prêtait à ceux qui en faisaient partie. Il ajouta que c'était la responsabilité morale et
non légale que le ministère ne couvrait pas assez.

Le ministre de l'intérieur tenta de rendre force
et courage à la majorité, en grossissant ses im-
perceptibles triomphes, et en attribuant à une
sorte d'obscurité son unique défaite.

« Messieurs, dit M. Thiers, par cette modeste

apologie, le cabinet semble dire à la Chambre :
Vous ne voulez pas me louer, je me résigne; mais
ne me blâmez pas, je reste.....

« Je pense que le cabinet n'a pas la force, et il
ne s'agit pas ici de talent, n'a pas, dis-je, la force
politique, la force parlementaire, la force d'influence, de volonté, de caractère qu'il faut avoir
lorsqu'on est à la tête d'un gouvernement. »

L'éloquent orateur, président du 15 avril, fit
tête encore une fois à ses nombreux ennemis.

Puis, M. Barrot, déplorant la pénible agonie
dans laquelle le ministère épuisait ses forces, s'é-
cria : « Se réfugier ainsi derrière des questions
de personnes, croyez-moi, c'est mal couronner
une administration. »

Au scrutin, le ministère obtint une fois de plus
7 voix de majorité, et 13 voix sur l'ensemble de
l'Adresse.

Le tableau rapide de la plus grande bataille
parlementaire qui se soit livrée sous le règne de
Louis-Philippe est forcément incomplet : ce que
je n'ai pu rendre, c'est l'attente du public, l'émotion des tribunes, l'aspect houleux de l'Assemblée,
les courses rapides des aides de camp, l'agitation
fiévreuse des chefs, le tumulte des bravos et des
murmures, les tempêtes furieuses, le silence de
l'admiration, et, derrière les grands orateurs re-
nouvelant à la tribune les merveilles de l'éloquence, les sarcasmes du président Dupin, les

cènes violentes ou grotesques de la salle des
conférences, les bons mots des couloirs, les calem-
bours de MM. Sauzet et Fulchiron ; il y eut jusqu'à des chansons. J'ai retenu le couplet suivant :

> Quatre voix de majorité,
> En faveur de la royauté,
> Dieu ! la belle victoire
> *D'Orléans, toi qui l'as porté !*
> Tu dois en être bien flatté.
>   A ta santé !
> L'on ne saurait trop boire.

XXX

DISSOLUTION. — ÉLECTIONS DE 1839. — DÉMISSION DU
MINISTÈRE MOLÉ. — CABINET PROVISOIRE. — DIVERSES
COMBINAISONS. — ATTENTAT DU 12 MAI — MINISTÈRE
DU 15 MAI.

Pendant les premières années de la monarchie
de Juillet, la classe moyenne et son roi, étroitement unis, avaient comprimé, par les armes et
les lois, l'esprit révolutionnaire se manifestant par
l'insurrection. Depuis 1835, les deux alliés, ras-
surés sur le point essentiel de la sécurité publique,
s'étaient divisés sur l'exercice de l'autorité : à qui
appartiendrait la direction politique, ou de l'oli-
garchie censitaire de la Chambre élective, ou de
la couronne ayant comme appendice la Pairie?

Au dehors, l'unité de volonté avait longtemps
maintenu l'équivoque entre les rivaux; mais à
présent, l'inexécution des traités de la quadruple
alliance, le refroidissement avec l'Angleterre, les

avances aux gouvernements absolus, l'évacuation
d'Ancône dénotaient une politique royale opposée
à celle de la Chambre.

A l'intérieur, on avait successivement renversé
les ministères qui avaient la confiance de l'Assemblée : le 11 octobre, le 22 février, le 6 septembre ; on avait fait refuser par la Chambre des
pairs la conversion des rentes, votée deux fois
en masse par la Chambre des députés : il était
temps pour les représentants du pays de reven-
diquer leurs droits, s'ils ne voulaient se voir
annulés à leur tour comme les membres de la
Pairie.

Or, le résultat des votes ne laissait aucun
doute ; la majorité dérisoire obtenue par le pouvoir héréditaire, malgré sa stabilité, ses immenses
moyens d'influence et l'habilité de ses défenseurs,
équivalait à la défaite.

Avant de s'avouer vaincus, le roi et ses ministres eurent recours à la dissolution ; elle fut
prononcée le 31 janvier 1839.

Partout en France l'ardeur de la lutte électorale fut extrême. MM. Thiers à Aix, Odilon-
Barrot à Chauny, Guizot à Lisieux, Duvergier de
Hauranne à Sancerre, Chambolle à Napoléon-
Vendée publièrent des manifestes combattant les
envahissements de la prérogative royale, qui
n'eut pour soutien indépendant que Royer Collard,
dont la voix, jadis écoutée, se perdit au milieu

du tumulte et de la fermentation générale. A la tête du comité républicain, Garnier-Pagès, l'ancien secrétaire de la société *Aide-toi*, *le ciel t'aidera*, avait conservé une correspondance, aussi active qu'étendue, avec ses débris dans tous les départements ; aidé de Marchais, d'Étienne Arago, etc., anciens membres de cette société, il eut une part considérable au succès.

Les élections avaient eu lieu les 2 et 6 mars ; elles assuraient le triomphe de la coalition. Devant la démission définitive du comte Molé et de ses collègues, ses chefs se réunirent afin de composer une administration qui, en dehors des deux fractions extrêmes, légitimiste et républicaine, donnerait à tous une juste satisfaction, et pourrait répondre à l'appel que le souverain adresserait sans doute, soit au maréchal Soult, soit à MM. Thiers ou Guizot, pour la formation du cabinet. Sous la présidence du maréchal, la nomination de M. Thiers aux affaires étrangères, de M. Guizot à l'intérieur semblait une équitable répartition du pouvoir entre le centre gauche et les doctrinaires, et l'élection de M. Odilon-Barrot à la présidence de la Chambre contentait les ambitions faciles de la gauche dynastique. Cette combinaison avait l'inconvénient de livrer l'administration intérieure, les préfectures et l'action électorale à M. Guizot, le récent défenseur de la *loi de disjonction*, et l'allié bien nouveau de l'opposition ; elle remettait en présence deux rivalités, celles de MM. Thiers et Guizot, que le roi parviendrait peut-être à ranimer au profit de sa prédominance ; pourtant elle était la meilleure, la seule qui permît de transformer en fusion la coalition. M. Thiers y donna son adhésion et obtint celle de M. Barrot. Mais, pendant sept années, la guerre entre la gauche et le chef doctrinaire avait été trop violente, les différences trop tranchées, la défiance à son égard était telle que les amis de M. Odilon-Barrot menacèrent de l'abandonner s'il persistait à livrer le ministère de l'intérieur à M. Guizot. Avec la connaissance que j'ai acquise du caractère de ce dernier, je crois que cette défiance fut une faute : sa volonté d'imposer au roi le gouvernement parlementaire était alors sincère ; il acceptait sans arrière-pensée le programme libéral, y compris la réforme électorale, et si, plus tard, il avait dû trahir, sa trahison eût été sans excuse. Ne lui concéder que le poste de ministre de l'instruction publique, c'était l'amoindrir plus que de raison ; c'était, en le blessant mortellement, le rejeter tôt ou tard vers la prérogative royale. En insistant sur cette faute, j'ai du moins le mérite de la franchise, car je dois me ranger parmi ceux qui ont mis le plus de zèle à la commettre.

Informé du consentement de M. Barrot, je me rendis chez lui, et mis tant de vivacité à lui expri-

mer mes craintes, à lui montrer les dangers du
choix de M. Guizot comme ministre de l'intérieur,
que je lui communiquai ma conviction, et ne le
quittai que lorsqu'il m'eut promis de s'opposer à
sa nomination. Malheureusement, sa facilité à
recevoir l'empreinte d'une conviction forte ne lui
permettait pas la stabilité. En sortant de chez lui,
je vis s'arrêter à sa porte un petit fiacre qui contenait M. Thiers, et le soir, place Saint-Georges,
madame Dosne se moqua agréablement de l'inutilité de ma politique personnelle, ainsi que du
succès, heureusement passager, de ma démarche:
M. Thiers avait tout réparé.

Mais le lendemain, les hommes les plus importants de son entourage parvinrent à réveiller les
scrupules de M. Barrot; le risque d'une division
parmi les membres de la gauche le ramena définitivement au système d'exclusion.

Dans une conférence suprême à laquelle assis-
taient MM. Thiers, Guizot et Barrot, M. de Rémusat, déployant une remarquable prévision politique, défendit, avec l'approbation de MM. Thiers
et Guizot, le plan que j'ai déjà indiqué : il montra
le faisceau que la coalition avait formé seul capable d'arrêter les empiétements de la prérogative
royale, le danger de le rompre, et la responsabilité de ceux qui, en le brisant, seraient cause
de l'asservissement de la Chambre. Il expliqua
comment, dans la combinaison proposée, chaque

fraction avait sa part légitime, et déclara au nom
de ses amis être prêt à faire de la nomination de
M. Barrot à la présidence une question de cabinet. M. Chambolle, ayant cherché à justifier les
répugnances de la gauche à accepter M. Guizot
comme ministre de l'intérieur, s'efforça de prouver que la présence d'un homme supérieur dans
un cabinet était le point capital, et le choix du
portefeuille la question secondaire; que M. Guizot ministre de l'instruction publique aurait toujours dans le conseil la valeur et l'importance de
M. Guizot. Celui-ci prit alors la parole dans sa
propre cause, repoussa d'injurieux soupçons, et,
pour mettre fin à une discussion pénible, offrit de
prendre la présidence de la Chambre, laissant le
ministère à M. Odilon-Barrot.

Cette dernière proposition n'ayant pas été acceptée, la rupture fut consommée.

Cependant, le 31 mars avait eu lieu la nomination d'un ministère intérimaire composé de :
MM. de Montebello, Gasparin, Girod de l'Ain,
Cubières, Tupinier et Gauthier; son rôle, annoncé
au *Moniteur*, était d'ouvrir la session, de donner
le temps aux partis de se compter, et au roi de
former un cabinet parlementaire.

Les suites déplorables de la discorde entre les
diverses fractions de la coalition furent évidentes
dès le début de la session; M. Passy, qui avait
été l'année précédente le candidat de l'opposition,

devint celui du gouvernement; fortifié d'une défection du centre droit et du centre gauche, il fut élu par 227 voix contre M. Odilon-Barrot, qui n'en compta que 193.

L'absence d'un pouvoir sérieusement responsable arrêtait l'examen et la discussion des lois, et pendant que les interpellations de M. Pelet de la Lozère à la Chambre des Pairs n'obtenaient que des explications insuffisantes, même au Luxembourg, des combinaisons ministérielles sans vitalité, sans accord préalable sur les questions capitales, ou condamnées d'avance par la mauvaise volonté du roi à un avortement inévitable, se succédaient au milieu du mécontentement général.

Il serait trop long d'énumérer ces essais stériles et ces mesquines intrigues. Le trait le plus saillant est le désir de se passer de M. Thiers et de le compromettre; aussi le voyons-nous aux Tuileries, à la cinquième tentative échouée, irrité des piéges contre lesquels sa finesse luttait en vain, en découvrant que ses futurs collègues l'abandonnaient et sur la question espagnole et sur celle de la conversion des rentes, s'écrier :

— « Je vous le disais bien, Sire, que ces messieurs valaient mieux que moi. »

Durant cet interrègne chaque député influent dressait sa liste, et un jour que l'on demandait à Garnier-Pagès pourquoi il ne se mettrait pas sur les rangs, il répondit :

— « J'accepterais volontiers un ministère à la condition que Louis-Philippe accepterait une ambassade. »

La crise cependant ne pouvait aller plus loin. A bout d'expédients, le roi semblait se résigner à une sixième combinaison présentée par M. Thiers, quand le dimanche 12 mai, pendant qu'une partie de la population était aux courses, au milieu de Paris à moitié désert et du calme le plus parfait, une bande de deux cent cinquante à trois cents insurgés, mal armés, essaya une révolution. Jamais entreprise plus insensée ne fut soutenue avec un plus aveugle courage; les serments prêtés par les initiés de la Société des *Saisons,* l'exaltation communiste et républicaine prolongèrent trois heures durant une lutte impossible. Puis l'ordre se rétablit; on détruisit les commencements de barricades; on releva les blessés et les morts : presque tous les conjurés furent faits prisonniers. Partout le peuple, surpris, était resté indifférent.

Soit qu'il s'y attendît, soit rapidité de son coup d'œil politique, le roi tira immédiatement parti de ce déplorable incident. On le grossit, on lui donna les proportions d'une guerre civile; on voulut effrayer la société menacée jusque dans ses fondements. Pour réveiller les craintes salutaires de juin 1832 et d'avril 1834, on déféra les accusés à la Cour des Pairs. Par un mot d'ordre transmis à la presse gouvernementale, les *bons* journaux retentirent du récit des dangers auxquels on venait d'échapper. On ne se fit pas faute d'imputer aux mauvaises passions, déchaînées par la coalition, cette terrible levée de boucliers. Enfin, au moyen d'un certain nombre de défections, on créa un ministère ayant à sa tête le maréchal Soult, avec MM. Duchatel, Dufaure, Villemain, Passy, le général Schneider, Duperré, Cunin-Gridaine : sous le coup d'une panique factice, le nouveau cabinet s'intitula « le ministère du dévouement » et aurait pu s'appeler ministère d'occasion.

Le 13 mai, le maréchal Soult, au nom de ses collègues, lut successivement aux deux Chambres un programme politique, qui devait mettre fin aux luttes parlementaires, rappelait les motifs de dévouement qui avaient présidé à sa formation, et annonçait que « la France retrouverait toujours dans les discussions des questions étrangères les sentiments du *vieux soldat de l'Empire*, qui sait que le pays veut la paix, mais la paix noble et glorieuse. »

Puis les deux Chambres se rendirent en corps aux Tuileries féliciter Louis-Philippe de l'insurrection vaincue.

Cette habile mise en scène n'empêcha pas, le 14, la Chambre des députés de se scinder en deux parties presque égales pour le remplacement de son président : 213 voix ralliées furent données à

M. Sauzet, 206 restèrent fidèles à M. Thiers.

A défaut d'aucune des grandes mesures énergiques ou libérales à l'extérieur ou à l'intérieur
inscrites sur le drapeau de la coalition, les ministres déclarèrent l'intention de mettre fin à la
corruption politique, de supprimer les subsides
aux feuilles officieuses, et firent du vote des fonds
secrets, réduits de 1,800,000 r. à 1,200,000 fr.,
la question de confiance qui déciderait de leur
avenir. Après une discussion à laquelle les principaux orateurs demeurèrent étrangers, ces fonds
furent votés au Palais-Bourbon et au Luxembourg,
malgré un remarquable discours du marquis de
Brézé, où, passant en revue les intrigues de la
période intérimaire, il accusait le gouvernement
« de fonder en France l'aristocratie de la mé-
diocrité. » ·

Sur la proposition du baron Mounier, usant du
droit d'initiative conféré aux trois pouvoirs, une
loi sur la Légion d'honneur fut discutée et adoptée par la Chambre des pairs ; elle avait pour
but, en réglant les avantages accordés aux lé-
gionnaires, de limiter le nombre des nominations.
Le débat fut vif : le baron Mounier insista sur le
chiffre effrayant de 50,000 chevaliers, double et
triple, malgré une paix continue, de celui des dé-
corés sous l'Empire. Le ministre de l'instruction
publique, M. Villemain, ayant fait observer qu'il
était impossible de fixer des bornes à un moyen

d'action, ou tout au moins de justice, entre les mains du souverain, et que Napoléon, un an après la fondation de l'ordre, avait enfreint lui-même les limites qu'il s'était imposées, je répondis qu'il n'y avait aucune analogie à établir entre un gouvernement despotique et le régime constitutionnel; que si la loi votée posait aujourd'hui des limites, les ministres seraient bien forcés de la respecter. J'ajoutais :

« Sans doute, si la distinction de la Légion d'honneur n'était qu'un moyen de justice laissé entre les mains du roi, ou pour mieux dire du ministère, on ne devrait pas en limiter le nombre; mais il est arrivé trop souvent que ce moyen de justice est devenu un moyen d'action politique ; c'est, si j'ose m'exprimer ainsi, un autre genre de fonds secrets. (*Mouvement.*) En effet, il faut bien le dire, il y a des hommes honorables qui repousseraient avec indignation toute tentative de corruption pécuniaire, et qui, cependant, par une étrange capitulation de conscience, se trouveront très-faibles, quand il faudra accepter en échange de la foi politique une distinction, un signe d'honneur. »

XXXI

Le 27 juin, la Pairie se réunit en cour de justice, à l'effet de juger les accusés du complot du
12 mai; le chancelier Pasquier présidait, et
M. Franck Carré remplissait les fonctions de procureur général.

Dix-neuf accusés composaient une première
série; à l'exception de deux, il n'avaient pas
trente ans.

Ils étaient défendus par : Emmanuel Arago,
Dupont de Bussac, Coraly député, Paillet, Jules
Favre, Nogent-Saint-Laurent, Grévy, Madier de
Montjau, etc., etc.

Je n'ai jamais été communiste, je n'étais pas
encore républicain, et pendant une année mon
âge me dispensait du devoir de juger les coupa-

bles ; aussi rien ne gêne l'indépendance de mes impressions.

J'ai dit déjà, au chapitre du Peuple, que la Société des *Saisons* s'était formée, vers 1837, des débris de la société des Familles ; qu'elle comptait un millier d'affiliés. Son organisation avait été entourée de toutes les précautions que suggère la méfiance du conspirateur : divisée en groupes de six, chaque chef de groupe était chargé du recrutement et de l'initiation des cinq hommes auxquels il commandait et qui ne connaissaient que lui, de telle sorte qu'un traître n'aurait pu dénoncer à la police que cinq des conjurés ; six membres composaient également le comité supérieur, chargé d'indiquer l'heure et le lieu d'une revue ou d'une prise d'armes : on se reconnaissait à certains signes, et les membres du comité ne se révélaient qu'à l'instant du combat.

Ce qui prouve avec quel soin les hommes avaient été choisis, c'est que, le 12 mai, près du tiers, trois cents environ, avaient été exacts au rendez-vous. Mais malgré les menaces de mort, et cette accumulation d'obstacles à la trahison, il serait absurde d'imaginer que quelques espions ne s'étaient pas glissés parmi les mille affiliés ; la police avait très-certainement connaissance de l'existence de la Société, et il m'est difficile de ne pas voir l'action des agents de la préfecture dans la pression qui avait été exercée, à l'approche du 12 mai, par les groupes sur les membres du comité pour le déterminer à précipiter un dénouement qui venait si à propos mettre fin aux embarras de la royauté. Il n'était pas besoin pour cela que les traîtres fussent nombreux, car parmi des hommes jeunes et ardents, la plus grande influence est toujours à ceux qui proposent les résolutions les plus téméraires ; les objections contre ce qui n'est ni opportun ni praticable exposent aux soupçons. Le dévouement généreux du jeune chef réclamant pour lui seul la responsabilité de l'attentat ne peut rien contre l'évidence des faits ; c'est d'en bas que vient l'impulsion qui détermine l'ordre du comité pour l'insurrection.

Sur les six membres du comité supérieur, Armand Barbès, Martin Bernard et Auguste Blanqui sont restés dans l'opinion publique les véritables chefs de la *société des Saisons*.

Le patient et habile organisateur Blanqui était en fuite.

La taille élevée de Barbès, l'élégance et la distinction de sa tournure, sa contenance mâle et fière, la beauté de sa physionomie frappaient d'abord d'une involontaire sympathie ; sa parole était chaude et convaincue, son langage imagé ; on se rappelle entre le chancelier et lui le dialogue suivant :

— « Quand le sauvage est fait prisonnier, il ne se défend plus et abandonne sa tête à l'ennemi.

19

— « Vous avez raison, Barbès, de vous comparer à un sauvage.

— « Le sauvage, monsieur, n'est pas celui qui est scalpé, c'est celui qui scalpe. »

Son intrépidité était reconnue, son abnégation chevaleresque, et pourtant, outre les charges générales relatives à la conspiration, une accusation d'assassinat pesait sur lui !

Assassinat ! mot terrible qui s'appliquera un jour également à tous les faits de guerre offensive, mais qu'aujourd'hui les partis jettent successivement à la face des vaincus. Le crime, énorme à mes yeux, de Barbès et de ses compagnons fut de vouloir imposer, par la violence, à leur pays une réforme politique et sociale ; mais le principe admis, il est puéril d'inculper spécialement tel ou tel fait : en guerre appelle-t-on assassinat un embuscade ? Comment trois cents hommes, si fous qu'on les suppose, auraient-ils pu tenter une révolution en plein jour contre une armée de 15 à 20 mille hommes sans profiter de la première surprise de ceux qu'ils attaquaient.

Martin Bernard, trente ans, compositeur d'imprimerie, grand, vigoureux, énergique, participait de la bravoure de Barbès et de la fine intelligence de Blanqui ; très-aimé des ouvriers typographes, qui, dans le cours du procès firent de nombreuses démarches auprès de mes collègues, et même auprès de moi, en faveur de leur camarade, il lutta constamment de générosité avec Barbès pour assumer sur lui la plus grosse part de la responsabilité.

L'acte d'accusation était l'œuvre d'un magistrat éclairé et consciencieux ; je n'en citerai que la partie relative au meurtre du lieutenant Drouineau, attribué à Barbès, parce qu'elle est une effrayante démonstration de l'incertitude des jugements humains.

« Les factieux se présentèrent devant le poste du Palais-de-Justice : à leur tête était un homme de haute taille, ayant une longue barbe et des moustaches, vêtu d'une redingote courte, de couleur sombre, boutonnée jusqu'en haut : il était armé d'un fusil à deux coups. L'officier qui commandait le poste, le lieutenant Drouineau, avait été prévenu qu'il allait être attaqué ; mais il n'avait pas tenu compte de cet avis, que lui semblait démentir le calme profond qu'il voyait régner autour de lui, et ce fut seulement quand l'attroupement armé parut aux yeux du factionnaire que les soldats reçurent l'ordre de prendre les armes et de se ranger en bataille devant le poste ; leurs fusils n'étaient pas chargés. L'officier fait quelques pas vers les factieux ; le chef de ceux-ci lui intime l'ordre de rendre les armes. La réponse ne pouvait être douteuse : *Plutôt mourir!* s'écrie le brave, auquel on ne craint pas d'adresser une proposition déshonorante. Aussitôt celui qui l'a-

vait faite abaisse son fusil, tire successivement
les deux coups presque à bout portant, et l'officier
qui, animé d'une confiance généreuse, s'était
porté au-devant des agresseurs, tombe sans vie
aux pieds de son assassin.....

« Barbès commandait la troupe par laquelle a
été assailli le poste du Palais-de-Justice. Au si-
gnalement donné du chef de cette troupe, il était
impossible de ne pas le reconnaître, et parmi les
témoins auxquels il a été représenté, il y en a
cinq qui ont certifié l'identité de la manière la
plus positive. L'un d'entre eux a prêté son témoignage avec une émotion qui le rend plus impo-
sant encore. On doit donc considérer comme
constant que Barbès est l'homme qui a sommé le
lieutenant Drouineau de rendre ses armes, et
qui, sur son refus, lui a donné la mort. »

Ainsi voilà un fait dont l'évidence semble dé-
montrée : le ministère public est convaincu, les
témoins affirment : les dénégations de l'accusé
sont sans valeur ; c'est à peine si Emmanuel
Arago et Dupont de Bussac, dans leurs éloquentes
plaidoiries, luttant contre l'apparence de toute la
force de la vérité, parviennent à jeter quelque
doute dans l'esprit des juges.

Eh bien, Barbès est innocent du meurtre du
lieutenant Drouineau !

Longtemps avant la journée du 12 mai, mon
ami Emmanuel Arago était lié avec Barbès et

Martin Bernard ; appelé successivement auprès d'eux, il fut convenu que Barbès revendiquant toute la responsabilité de la conspiration, il ne le défendrait que de l'accusation relative à la mort du lieutenant Drouineau, et s'adjoindrait Dupont de Bussac afin de pouvoir présenter également la défense de Martin Bernard.

Interrogé par l'homme en qui il plaçait toute sa confiance, Barbès lui avait affirmé sur l'honneur n'avoir pas tiré sur Drouineau, et connaître, sans vouloir le nommer, l'auteur du meurtre.

— « En ce cas, lui dit Arago, voici ce que je prévois : comme chef avoué de l'insurrection, votre condamnation à mort est inévitable ; mais si Dupont de Bussac et moi nous parvenons à vous disculper de l'accusation qualifiée d'assassinat, j'espère une commutation. »

De là les efforts désespérés des deux avocats pour démontrer que sur ce point la condamnation de Barbès serait une erreur judiciaire.

Quoique moins affirmatifs que dans l'instruction, les témoins persistaient à constater la ressemblance de Barbès avec le meurtrier, quand, un matin, un homme dont le chapeau à larges bords était rabattu sur les yeux est introduit chez Arago qui, au premier abord, croit reconnaître Barbès.

— « Vous vous trompez, lui dit l'inconnu ; mais ma ressemblance avec lui serait cause de sa condamnation. Écoutez, je ne peux cependant pas laisser tomber sa tête à la place de la mienne, c'est moi qui ai tué Drouineau... J'ai hésité à me livrer; c'était dur; mais à présent conduisez-moi devant les juges, j'avouerai tout. »

La position d'Arago était pleine d'angoisses ; car en profitant de l'offre qui lui était faite, il sauvait peut-être la vie de son ami, mais à coup sûr il condamnait un homme à mort. Il réfléchit, prit le nom et l'adresse du coupable, exigea la promesse qu'il se présenterait à sa première réquisition, et lui demanda de faire auprès de Dupont de Bussac la même démarche qu'il avait faite près de lui.

Cet incident avait redoublé l'énergie de la défense ; néanmoins, le 12 juillet, la Cour rendit son arrêt :

« En ce qui concerne Armand Barbès :

« Attendu qu'il est convaincu d'avoir, en mai dernier, commis un attentat dans le but de détruire le gouvernement.....

« Attendu qu'il est convaincu, dans l'exécution dudit attentat, d'avoir été un des auteurs du meurtre volontaire commis sur la personne du lieutenant Drouineau ;

« Attendu enfin, que la peine doit être proportionnelle à la participation que chacun a prise au crime d'attentat ;

« Condamne Armand Barbès à la peine de mort. »

Aussitôt l'arrêt prononcé, Emmanuel Arago mettait en demeure le véritable auteur du meurtre de
Drouineau, et se rendait auprès du ministre de la
justice, Teste, à qui il déclarait en hâte toute la
vérité; celui-ci partait pour une réunion avec ses
collègues, et lui promit d'en instruire le maréchal Soult, président du Conseil, à qui il l'enga-
gea à aller plus tard répéter les mêmes confidences. Vers six heures, Arago, s'étant présenté de
la part du ministre de la justice, fut admis chez
le maréchal ; mais quoi qu'il pût dire ou faire, il
n'obtint du vieux soldat diplomate que des paroles
évasives; celui-ci, affectant de ne pas le comprendre, se borna à lui réitérer qu'il n'avait pas siégé
comme Pair pendant le procès, et par conséquent
n'avait aucune part à la sentence.

Pendant ces démarches, celui qui avait été si
fatal à Barbès par sa ressemblance avec lui, fidèle
à sa parole, se mettait à la disposition de Dupont
de Bussac.

Quand la nouvelle de la condamnation s'était
répandue dans Paris, plus de trois mille jeunes
gens, étudiants et ouvriers, avaient fait une démonstration pour demander la grâce de Barbès ;
mais cette manifestation, aussi menaçante que sup-
pliante, manqua son but, et le soir, au Conseil, la
majorité des ministres, voulant faire preuve
d'énergie, opina pour l'exécution.

Le roi s'y refusa, et la commutation de peine fut décidée.

Cette résolution du roi fut-elle due aux communications du ministre de la justice, aux prières de la sœur de Barbès ou à un sentiment naturel d'humanité? Je voudrais la louer sans restriction ; mais la commutation de la peine capitale à l'égard d'un homme comme Barbès en celle des travaux forcés à perpétuité en diminuait singulièrement le mérite.

Le lendemain, la commutation insérée au *Moniteur* était encore ignorée à la prison. Arago y court, demande Barbès, met au fait le directeur, et ce brave homme ému, joyeux, se retire, feignant d'oublier la clef de la double grille qui sépare les deux amis.

— Je n'espérais plus vous revoir, dit Barbès.

— Soyez-en sûr, nous nous verrons bien souvent encore.

— Ma peine est commuée?... En quoi?

— Je ne sais..., mais la commutation est officielle.

— J'en suis content pour ma sœur. »

Coupant la camisole de force, Arago put lui serrer la main.

Le roi, sur des observations pressantes, commua de nouveau les travaux forcés en détention perpétuelle.

Les faits qu'on vient de lire, attestés par Emmanuel Arago, confirmés par M. Dupont de Bussac, ne laissent aucune prise au doute : l'humanité de Louis-Philippe a donc seule préservé la justice politique d'une confusion qui entraînait la mort.

Malgré des sympathies personnelles, j'ai donné sans adoucissement ma pensée sur la tentative du 12 mai : son but, la dictature révolutionnaire, était mauvais ; les moyens violents pour y arriver étaient coupables ; en somme, elle fut pour la royauté une bonne fortune.

Si, maintenant, je veux apprécier la question des sociétés secrètes, je dois avouer qu'en dépit de toutes les précautions elles ont toujours laissé pénétrer dans leur sein des espions ; qu'en subissant la pression des plus téméraires, elles sont souvent un danger pour leur cause ; mais il y aurait iniquité et ingratitude à nier les immenses services qu'elles ont rendu à l'indépendance et à la liberté des nations. Chez tout peuple qui subit la domination étrangère, elles sont comme chez l'homme, les pulsations qui révèlent la vie : le *carbonarisme* a resurrectionné l'Italie ; en France, la société *Aide-toi, le ciel t'aidera* a préparé les élections de 1827 et 1830 ; elle a organisé la resistance aux ordonnances, et ses débris ont activement concouru aux élections de 1839.

Mais l'association secrète n'a pu être utile

qu'à la condition de défendre un droit, d'attendre que le soulèvement fût dans les cœurs,
et de servir de centre aux grandes insurrections
populaires.

TABLE DES MATIÈRES

————

PARIS. — IMPRIMERIE L. POUPART-DAVYL, RUE DU BAC, 30.

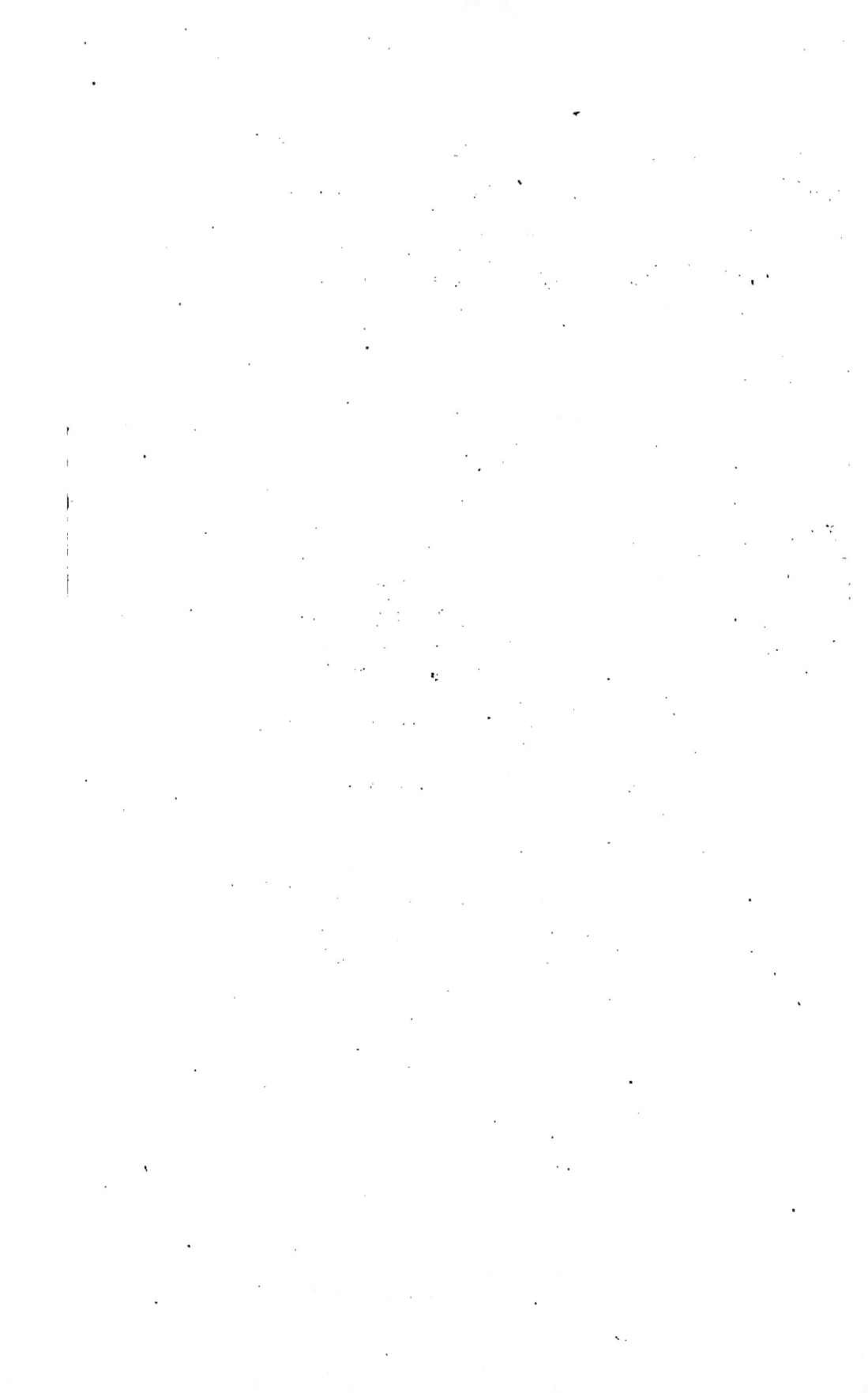

ŒUVRES
▶ DES
GRANDS AUTEURS FRANÇAIS
CONTEMPORAINS

Victor Hugo. — Les Misérables. 10 beaux vol. in-8 . . . . . 60 fr.
    Le même ouvrage. 10 vol. in-18 . . . . 35 fr.
    Édition illustrée de 200 dessins par Brion. 1 vol. in-4. 10 fr.
— William Shakespeare. 1 beau vol. in-8 . . . . 7 fr. 50
— Les Chansons des rues et des bois. 1 beau vol. in-8. . 7 fr. 50
— Les Travailleurs de la mer. 15e édit. 3 beaux vol. in-8. . . 18 fr.
Alphonse de Lamartine. — La France parlementaire (1834-1851).
    Œuvres oratoires et écrits politiques, précédés d'une étude sur la
    vie et les œuvres de Lamartine, par L. Ulbach. 6 vol. in-8. 36 fr.
— Shakspeare et son œuvre. 1 vol. in-8.. . . . . 5 fr.
— Portraits et Biographies (W. Pitt. — Lord Chatham. — Mme Ro-
    land. — Ch. Corday). 1 vol. in-8. . . . . 5 fr.
— Les Hommes de la Révolution (Mirabeau. — Danton. — Ver-
    gniaud). 1 vol. in-8. . . . . 5 fr.
— Les Grands Hommes de l'Orient. (Mahomet. — Tamerlan. —
    Zizim). 1 vol. in-8. . . . . 5 fr.
— Civilisateurs et Conquérants (Solon. — Périclès. — Michel-
    Ange. — Pierre le Grand. — Catherine II. — Murat. —
    Fables de l'Inde). 2 vol. in-8. . . . . 10 fr.
Jules Simon. — L'École. 1 beau vol. in-8. . . . . 6 fr.
    Le même ouvrage, 1 vol. in-18.. . . . . 3 fr. 50
— Le Travail. 1 beau vol. in-8, 6 fr. — Édit. in-18. . . 3 fr. 50
J. Michelet. — La Sorcière. 1 vol. in-18. . . . . 3 fr. 50
Eugène Pelletan. — La Famille. I. La Mère. 1 vol. in-8. . . 5 fr.
                             II. Le Père. 1 vol. in-8 . . 5 fr.
                         III. L'Enfant. 1 vol. in-8. . . 5 fr.
Edgar Quinet. — La Révolution. 4e édit. 2 vol. in-8. . . . 15 fr.
Louis Blanc. — Lettres sur l'Angleterre. 2e édit. 2 vol. in-8. 12 fr.
— 2e série. 2 vol. in-8.. . . . . 12 fr.
George Sand. — Flavie. 3e édit. 1 vol.. . . . . 3 fr.
— Les Amours de l'âge d'or. 1 vol. . . . . 3 fr.
— Les Dames vertes. 3e édit. 1 vol. . . . . 3 fr.
— Les Beaux Messieurs de Bois-Doré. 2 vol. . . . . . . 6 fr.
— Promenade autour d'un village. 1 vol. . . . . 3 fr.
— Souvenirs et Impressions littéraires. 1 vol.. . . . . . 3 fr.
— Autour de la table. 1 vol. . . . . 3 fr.
— Théâtre complet. 3 vol. . . . . 9 fr.
Alexandre Dumas. — Les Crimes célèbres. 4 vol. in-18. . . 8 fr.
Lamennais. — Œuvres. 2 vol. gr. in-8, à deux colonnes. . . 32 fr.
Eugène Sue. — Œuvres. 37 vol. gr. in-18. Le vol. . . . . . 1 fr.
Frédéric Soulié. — Œuvres. 54 vol. in-18. Le vol. . . . . 50 cent.

COLLECTION

DES

GRANDS HISTORIENS CONTEMPORAINS

ÉTRANGERS

Format in-8 à 5 francs le volume

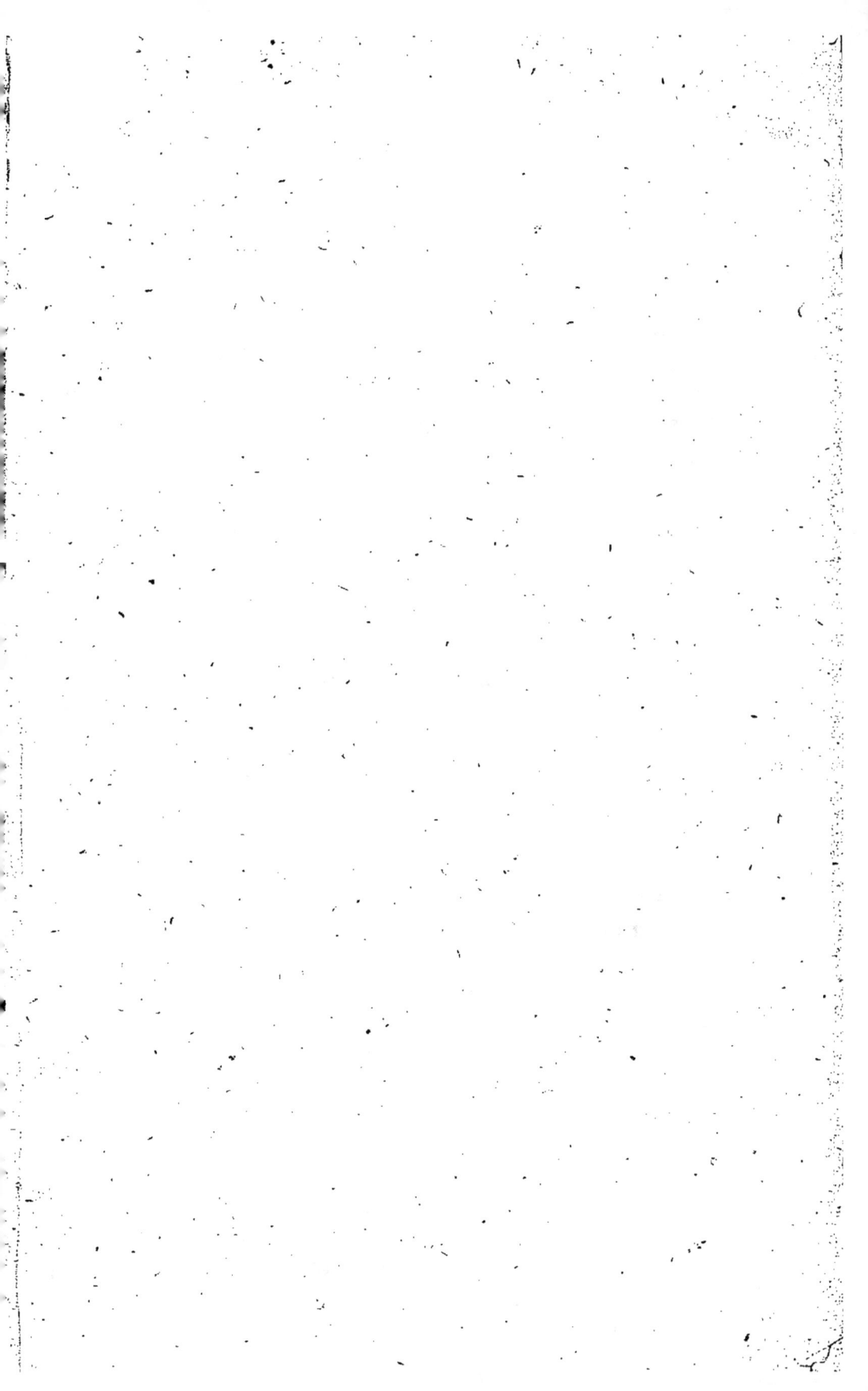

CHEZ LES MÊMES ÉDITEURS

DERNIÈRES NOUVEAUTÉS

Paris. — Imprimerie L. Poupart-Davyl, rue du Bac, 30

www.ingramcontent.com/pod-product-compliance
Lightning Source LLC
Chambersburg PA
CBHW071632270326
41928CB00010B/1889